GABAL **30**

Das ABC der Arbeitsfreude
Techniken, Tips und Tricks für Vielbeschäftigte

Winfried U. Graichen
Lothar J. Seiwert

2., durchgesehene Auflage 1987

Band **30** der GABAL-Schriftenreihe

Gesellschaft zur Förderung
Anwendungsorientierter
Betreibswirtschaft und
Aktiver
Lehrmethoden
in Fachhochschule und Praxis e.V.

Herausgeber:
Prof. Dr. Hardy Wagner
Prof. Dr. Lorenz P. F. Wolff

Das ABC der Arbeitsfreude

Techniken, Tips und Tricks für Vielbeschäftigte

Winfried U. Graichen
Lothar J. Seiwert

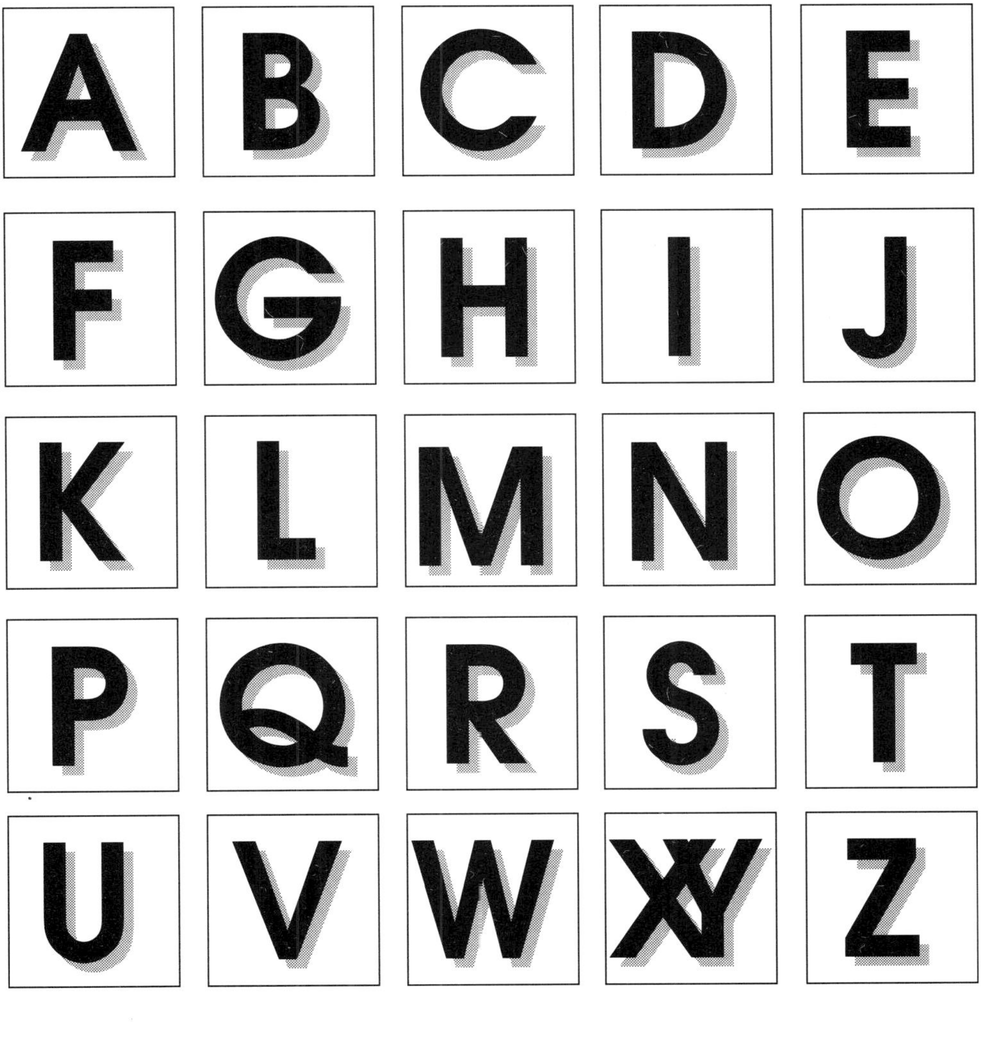

Impressum

CIP-Kurztitelaufnahme der Deutschen Bibliothek:

Graichen, Winfried U.:
Das ABC der Arbeitsfreude: Techniken,Tips und Tricks für Vielbeschäftigte / Winfried U. Graichen; Lothar J. Seiwert. Ges. zur Förderung Anwendungsorientierter Betriebswirtschaft u. Aktiver Lehrmethoden in Fachhochsch. u. Praxis e.V., Speyer. - 2. Aufl., 4. - 8. Tsd. - Speyer: GABAL, 1987

(GABAL-Schriftenreihe; Bd. 30)
ISBN 3-923984-30-8

NE: Seiwert, Lothar J.:; HST; Gesellschaft zur Förderung Anwendungsorientierter Betriebswirtschaft und Aktiver Lehrmethoden in Fachhochsch. u. Praxis: GABAL-Schriftenreihe

1. Auflage 1. - 3. Tausend, Sept. 1987
2., durchgesehene Auflage 4. - 8. Tausend, Nov. 1987

Herausgeber: Hardy Wagner/Lorenz P.F. Wolff im Auftrag der

Gesellschaft zur Förderung
Anwendungsorientierter
Betriebswirtschaft und
Aktiver
Lehrmethoden in Fachhhochschule und Praxis e.V., Speyer

Dudenhofer Straße 46, 6720 Speyer, Tel. (06232) 92918

Gestaltung:
DESIGN STUDIO Raaf & Gratzfeld, 6500 Mainz

Illustrationen:
Stefan Matlik, Kontakt über DESIGN STUDIO R & G

Titelgestaltung:
creart® werbestudio, 6400 Fulda

Druck:
Druckerei Fortmann KG, 6720 Speyer

Geleitwort

Bereits das Geleitwort zum 30. Band unserer Schriftenreihe zu verfassen, ist für Verlag und Herausgeber Grund zur Freude; hinzu kommt die bemerkenswerte Tatsache, daß dieser Jubiläums-Band von den beiden Erfolgs-Autoren Winfried U. Graichen und Lothar J. Seiwert verfaßt worden ist, deren "1x1 des Zeitmanagement" (Band 10 der GABAL-Schriften) in weniger als drei Jahren mit über 150.000 Exemplaren eine überdurchschnittlich hohe Auflagenzahl und Verbreitung gefunden hat.

Es ist dem Autoren-Team gelungen, im "ABC der Arbeitsfreude" auf 50 Seiten und in 25 "Kapitelchen" viele interessante Aspekte der Arbeitstechnik und verwandter Bereiche sowohl anschaulich – d.h. auch gehirngerecht – und verständlich als auch sehr systematisch darzustellen: Zu jedem Buchstaben bzw. Arbeitstechnik-Aspekt wird auf jeweils zwei Seiten in Verbindung mit einem passenden Zitat zunächst (auf der linken Buchseite) das WARUM? bzw. der Nutzen für den Leser und dann das WIE? und WAS? mit checklistenartigen Handlungs-Anweisungen und konkreter Vorgehensweise (auf der rechten Buchseite) dargestellt. Die Autoren geben in ihrer gleichfalls zweiseitigen Einführung bzw. mit ihrem "Benutzer-Hinweis" eine gehirngerechte "Gebrauchs-Anweisung" zu ihrem Arbeitsbuch.

Der Leser wird sicherlich nicht nur Verständnis, sondern sogar auch seine Freude haben an den – aus Gründen des vollständigen Alphabets – teilweise notwendigen, aber meist sehr gelungenen "Wort-Schöpfungen" der Autoren. Schmunzeln werden beispielsweise Fachleute, wenn ihnen mit AQ plötzlich ein "Aufschieberitis-Quotient" präsentiert wird.

Unser neuer Band 30 stellt nicht nur eine Ergänzung zu dem sehr speziellen Band 10 – "Das 1x1 des Zeitmanagement"– dar, sondern eine operative Konkretisierung der strategischen "Grundlagen und Methoden des Selbstmanagements", die wir soeben in 2. Auflage als Band 8 der GABAL-Schriften – "Persönliche Arbeitstechniken" von Hardy Wagner – veröffentlicht haben.

Wenn dennoch der eine oder andere Leser in dieser ersten Auflage Fehler entdeckt bzw. Verbesserungs-Vorschläge oder Anregungen bieten kann, so sind die Autoren und auch der Verlag für diesbezügliche Hinweise sehr dankbar.

Speyer, im September 1987

Die Herausgeber

Hardy Wagner – Lorenz P.F. Wolf

Inhaltsverzeichnis

Benutzerhinweis

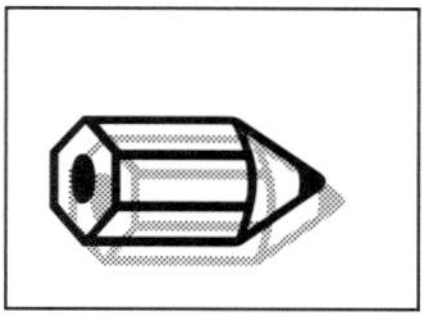

Auf jeweils einer **Doppelseite** wird alphabetisch eine Arbeitstechnik in sich abgeschlossen nach einem einheitlichen, leserfreundlichen Schema abgehandelt.

Pro Doppelseite je eine Arbeitstechnik

Einführung

"Erfolg ist die Kunst,
dem Sinnvollen das Rentable vorzuziehen."
(Helmar Nahr)

Warum ?

Bessere Arbeitstechnik = Mehr Erfolg

Rationelle Arbeitstechniken können wesentlich zum **Erfolg** einer Führungskraft oder eines Mitarbeiters beitragen. Wer seine Leistung voll entfalten will, braucht entsprechende Methoden

- sowohl zur Bewältigung der Tagesaufgaben
- als auch zur langfristigen Zielerreichung.

Rationelle Arbeitstechniken: Verbesserung der persönlichen Effizienz

In Literatur und Praxis findet sich eine **breite Methoden- und Begriffsvielfalt** im Bereich "Rationelle oder Persönliche Arbeitstechniken". Sie umfaßt alle Methoden und Instrumente, die ihren Benutzern als Mittel zu einer **effizienten**,

- und zwar zielorientierten
- systematisch geplanten und
- rationell erledigten Aufgabenerfüllung dienen.

Arbeitstechniken fördern Erfolg und Zielerreichung

Rationelle Arbeitstechniken leisten einen Beitrag zur Zielerreichung und sollen den **persönlichen Erfolg** sowie das **betriebliche Ergebnis** verbessern helfen.

Wenn du eine Stunde glücklich sein willst, schlafe.
Wenn du einen Tag glücklich sein willst, gehe fischen.
Wenn du eine Woche glücklich sein willst, schlachte ein Schwein und erzähle es.
Wenn du ein Jahr glücklich sein willst, habe ein Vermögen.
Wenn du ein Leben lang glücklich sein willst, liebe deine Arbeit."
(Chinesische Weisheit)

Einführung

Wie ?

Pyramidenbau - aus arbeitstechnischer Sicht:

- *Ziele planen*
- *Arbeitsschritte vorbereiten*
- *Mitteleinsatz optimieren*
- *Arbeitsergebnisse kontrollieren*

Die Bewältigung der täglich zu erledigenden Aufgaben und Probleme mit Hilfe von **rationellen Arbeitstechniken** ist im Prinzip nicht neu. Schon die alten **Ägypter** mußten beim Bau ihrer berühmten **Pyramiden** methodisch vorgehen und rationell arbeiten, um diese Projekte auch erfolgreich abschließen zu können:

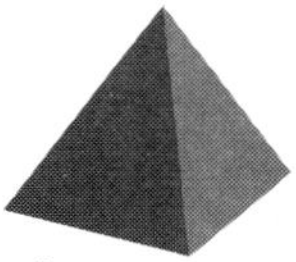

1. Wie gehe ich vor, um ein **Ziel** zu erreichen?
2. Was muß ich tun, um einzelne **Probleme** zu lösen?
3. Welche vorbereitenden **Maßnahmen** muß ich ergreifen?
4. Wie organisiere ich meine **Arbeitsabläufe** und -kräfte?
5. Wie überwache ich Fortgang und **Erfolg** meines Vorhabens?

René Descartes: *Methode des richtigen Vernunftsgebrauchs – 4 Regeln:*

- *Problembeschr. u. Lageanalyse*
- *Aufgabenanalyse und Planung*
- *Entscheidungsanalyse und Zeitplanung*
- *Durchführung und Kontrolle*

Stellvertretend für viele weitere Arbeitstechniker sei **René Descartes** erwähnt. **1637** formulierte er die **wissenschaftliche Arbeitsmethodik**, die sich von ihren Grundprinzipien her in späteren Abhandlungen anderer Autoren immer wiederfindet (➵ X/Y-Ungelöst):

1. Stelle das **Problem**, das zu lösen ist, so **klar** und **deutlich** wie möglich dar (schriftlich!).
2. **Zerlege** die Aufgabe in so **viele Teile**, wie es zur besseren Lösung erforderlich ist.
3. **Ordne** die Teilaufgaben nach ihren **inhaltlichen** und **zeitlichen** Kriterien.
4. **Erledige** alle Punkte, ohne etwas auszulassen, und setze sie wieder zur **Gesamtlösung** zusammen.

Was ?

Arbeitsmethodik

- *Was kann ich?*
- *Was will ich?*
- *Wie komme ich dorthin?*
- *Welches ist der erste Schritt?*

Grundlage aller Arbeitsmethoden ist folgende, prinzipielle Vorgehensweise:

- Machen Sie eine **Ist-Analyse** (berufliche und persönliche **Situationsanalyse**)!
- Definieren Sie Ihre **Ziele (Soll-Zustand)**!
- Ermitteln Sie das **Problem** (Abweichung zwischen vorgefundenem Ist- und angestrebtem Soll-Zustand) und suchen Sie **alternative** Lösungen!
- Planen, realisieren und kontrollieren Sie die **Problem-Lösung**!

A Aufschieberitis

> "Die Menschen, die etwas von heute auf morgen verschieben, sind dieselben, die es bereits von gestern auf heute verschoben haben." *(Peter Ustinov)*

Warum ?

Unerledigtes belastet

Schuldgefühle, Ängste und Aufregung über Termindruck sind oft das Resultat von **Aufgaben**, die wir **vor uns herschieben.**

*Aufschieberitis-Quotient**

Wie hoch ist Ihr **"Aufschieberitis-Quotient"***?

*Quotient ist hier nicht "statistisch", sondern als Wort-Schöpfung gemeint.

	fast immer	öfter	fast nie
(1) Ich erfinde Gründe und suche nach **Entschuldigungen**, um ein schwieriges Problem aufzuschieben.	☐	☐	☐
(2) Ich brauche **Druck**, um an schwierigen Aufgaben weiter zu arbeiten.	☐	☐	☐
(3) Es gibt zu viele **Unterbrechungen**, die mich abhalten, Wichtiges zu erledigen.	☐	☐	☐
(4) Ich vermeide klare Antworten, wenn ich um **unangenehme Entscheidungen** gebeten werde.	☐	☐	☐
(5) Ich vernachlässige **Kontrolle** und Nachbearbeitung bei wichtigen Projekten.	☐	☐	☐
(6) Ich versuche, daß **andere** unangenehme Dinge für mich erledigen.	☐	☐	☐
(7) Ich nehme **Arbeit mit nach Hause**, um sie abends oder am Wochenende zu erledigen.	☐	☐	☐
(8) Ich bin zu **müde** oder zu **nervö**s, um wichtige Aufgaben anzupacken.	☐	☐	☐
(9) Ich muß erst **alles vom Tisch** wegarbeiten, um eine wichtige Aufgabe anzufangen.	☐	☐	☐
(10) Ich vermeide es, mir **Endtermine** zu setzen.	☐	☐	☐

Auswertung:

__1.__ Addieren Sie alle Kreuzchen in den einzelnen Spalten

__2.__ Multiplizieren Sie die Spalten-ergebnisse mit
**3* bei "fast immer"*
**2* bei "öfter"*
**1* bei "fast nie"*

*__3.__ Addieren Sie die Ergebnisse zu Ihrem persönl. A.Q.**

Ist Ihr **Aufschieberitis-Quotient (A.Q.)***

10 - 15: haben Sie im allgemeinen **keine** Aufschieberitis-Probleme

16 - 22: haben Sie **durchschnittliche** Aufschieberitis-Probleme

23 - 30: haben Sie voraussichtl. **ernsthafte** Aufschieb.-Probleme

Aufschieberitis

A

Wie ?

1. Aktivitätenliste.
Legen Sie eine Liste mit allen aufgeschobenen und Sie belastenden Aufgaben an.

2. Prioritätensetzung.
Fragen Sie sich selbstkritisch bei jedem Punkt: "Werde oder will ich diese Aufgabe jemals noch erledigen?" Wenn nein, streichen Sie dieses Vorhaben endlich.

3. Bilanz-Methode.
Listen Sie für jede Aufgabe separat alle "Gründe für Ihr Aufschieben" und daneben die "Vorteile bei abschließender Erledigung" auf. Welche Seite wiegt nun inhaltlich schwerer?

- Überwiegen die Gründe für´s Aufschieben, gehen Sie wie in Strategie Nr. 2 vor.
- Überwiegen die Vorteile zur Erledigung, verfahren Sie nach den Strategien Nr. 4 - 7.

4. Salami-Taktik.
Zergliedern Sie jede bisher aufgeschobene Aufgabe in kleine, konkret durchführbare Schritte. Beginnen Sie mit der ersten Teil-Aufgabe.

5. Erledigungstermin.
Legen Sie für jeden Zwischenschritt einen konkreten Erledigungstermin fest. Übertragen Sie diese Termine in Ihre Tagesplanung.

6. Kontrolle.
Lassen Sie sich durch andere fragen, ob Sie es tatsächlich geschafft haben. Ersatzweise können Sie sich auch selbst kontrollieren.

7. Belohnung.
Nach jedem erfolgreichen Schritt gönnen Sie sich zusätzlich etwas Schönes – und sei es nur eine kleine Kaffepause. Mit jedem erreichten Zwischenschritt wächst die Motivation zur Bewältigung der nächsten Teilaufgabe.

Anti-Aufschieberitis-Strategien

- *Bestandsaufnahme machen*
- *Prioritäten setzen*

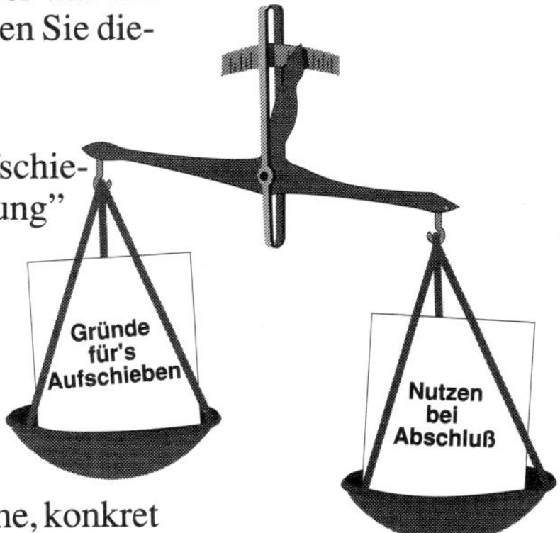

- *Aufgeschobene Aufgaben endlich beginnen*
- *Mitarbeit., Freunde, Familienangehörige einbeziehen*
- *Erfolgserlebnisse produzieren und belohnen*

Was ?

- Starten Sie gleich heute Ihre persönliche **Kampagne** gegen **Aufschieberitis!**
- Erledigen Sie Ihre unangenehmen **Schiebe-Aufgaben** von jetzt an **zuerst**!
- Beginnen Sie erst dann eine **neue Aktivität**, wenn Sie Ihre **Schiebe-Aufgabe** komplett **beendet** haben!

Schluß mit Aufschieberitis!
Unangenehmes zuerst!
Selbstdisziplin und Konsequenz

B

Besuchermanagement

> " Es gibt Dinge, die nicht bestraft werden und dem Menschen doch das Kostbarste stehlen: Die Zeit."
> *(Napoleon)*

Warum ?

Störungen durch unangenehme = unangemeldete Besucher

Viele Manager erledigen die "eigentliche" Arbeit erst nach offiziellem Dienstschluß. Tagsüber finden Sie keine Zeit, da es zuviele **Störungen** durch **unangemeldete** Besucher gibt: Mitarbeiter, Kollegen, Chefs, Kunden, Vertreter (heute: Verkaufsberater) u.v.m. Eine permanent offene Tür wird zwar von allen Beteiligten geschätzt, erweist dem Betroffenen aber einen Bärendienst:

Management by open doors

Wer ständig für jeden sprechbar sein, will, muß die **verlorene Zeit** abends wieder hereinholen. **Unangemeldete Besucher** sollten daher nicht mehr jederzeit zu Ihnen gelangen.

Angemeldete Besucher

Für **angemeldete Besucher** gilt, die geplante Besprechungszeit so knapp wie nötig zu halten und so effektiv wie möglich zu nutzen.

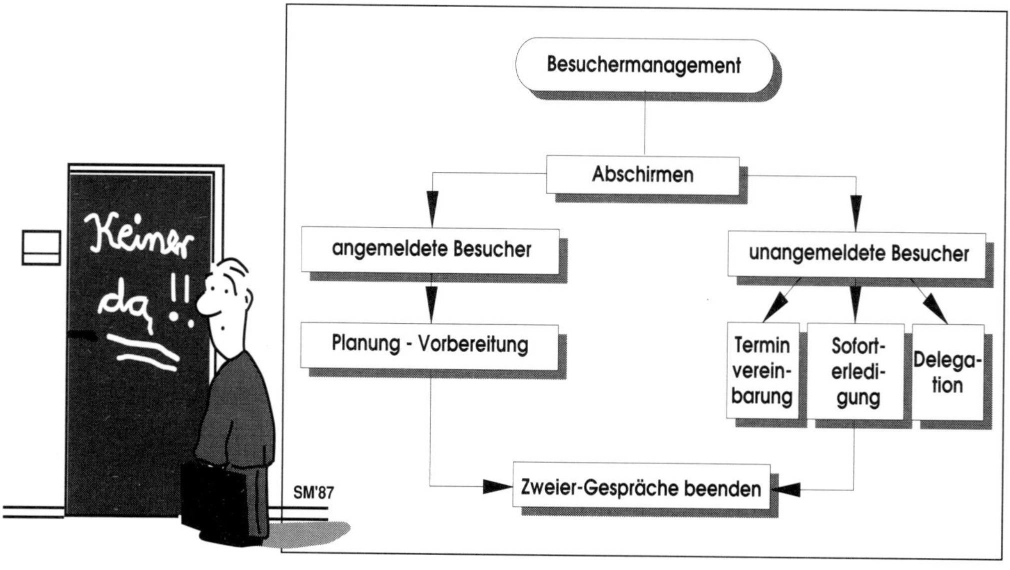

Besuchermanagement

B

Wie ?

1. Abschirmen vor Besuchern

- **Externe Besucher** sollten nur noch mit **Terminabsprache** empfangen werden.
- **Termine** sollten auch nur dann angenommen werden, wenn der Grund des Besuchs für Sie (!) **wirklich wichtig** ist.
- Für **interne Besucher** und Mitarbeiter gilt, daß für ihre Fragen möglichst **feste Sprechzeiten** eingerichtet werden.
- Zu bestimmten Tageszeiten ist es zweckmäßig, vor unerwünschten ➵ Unterbrechungen vollkommen **abgeschirmt** zu sein (Stille Stunde).

Abschirmen durch

- *Terminabsprache*
- *Prioritätenfilter*
- *Feste Sprechzeiten*
- *Stille Stunde*

2. Planung und Vorbereitung angemeldeter Besucher

- ➵ Gesprächsvorbereitung (Checkliste)

Gesprächsvorbereitung

3. Umgang mit unangemeldeten Besuchern

Fragen Sie nach dem Anliegen des Besuches und je nachdem:

- Vereinbaren Sie einen späteren Termin und verabschieden den Besucher.
- Führen Sie das Gespräch kurz und knapp, um die bereits erfolgte Störung zu minimieren.
- Delegieren Sie das Gespräch an einen Mitarbeiter, eine andere Stelle oder Abteilung.

Mach's kurz!!!

Unangemeldete Besucher

- *Terminvereinbarung oder*
- *Sofort-Erledigung oder*
- *Delegation*

4. Gespräche rechtzeitig beenden

- Artikulieren Sie Ihr Bedürfnis und sagen Sie ganz einfach, daß Sie das Gespräch jetzt beenden möchten!

Gespräche beenden

Was ?

- ✎ Richten Sie **Empfangs- oder Sprechzeiten** (auch für Ihre Mitarbeiter) ein.
- ✎ **Schirmen** Sie sich vor unerwünschten Besuchern möglichst **ab** und machen Sie Schluß mit dem Mythos von der offenen Tür!
- ✎ Planen und bereiten Sie gleich das **nächste Gespräch** mit einem angemeldeten Besucher **vor** (Checkliste!).
- ✎ **Begrenzen** Sie Ihre nächste Zweier-Besprechung zeitlich ganz bewußt z.B. auf **30 Minuten**! (Uhr m. Signalton o.ä)

Management by closed shop

Gesprächsvorbereitung (Check up)

Besprechungszeit begrenzen

C Checklisten

Checklisten bringen Denkentlastung

> "Was andere vor mir besser und gründlicher gedacht haben, will ich nicht noch einmal denken."
> *(Antike)*

Warum ?

Arbeitsrationalisierung durch Checklisten

Gewinnen Sie zusätzliche Zeit, indem Sie Ihre wiederkehrenden Arbeiten durch **Checklisten** rationalisieren. Dies hat vor allem zwei Vorteile:

• Routinisierung

- **Routinevorgänge** müssen nicht immer wieder neu durchdacht werden ("Das Rad nicht neu erfinden wollen").

• Sicherheit

- Es entfällt die Furcht, etwas vergessen zu können. Checklisten bieten ein Maximum an **Sicherheit** bei geringem Kontrollaufwand!

Eigene Checklisten

Entwickeln Sie Ihre **eigenen Checklisten**, zum Beispiel für
- Planung von Besprechungen
- Seminar-Organisation
- Projektüberwachung
- Neuprodukt-Einführungen
- Reisevorbereitung

Wiederkehrende Aufgaben in einzelne Arbeitsphasen zerlegen

Für welche Bereiche sehen Sie Möglichkeiten, **ständig wiederkehrende Vorgänge** durch **Checklisten** zu systematisieren?

- ____________________
- ____________________
- ____________________
- ____________________
- ____________________
- ____________________
- ____________________
- ____________________
- ____________________
- ____________________

Checklisten

C

Wie ?

5 Stufen zur Erstellung einer Checkliste

Das **Grundgerüst für eine Checkliste** können Sie sich wie folgt erarbeiten:

1. Wiederkehrende Tätigkeit

1. Wählen Sie eine Arbeit oder Tätigkeit aus

- die sich wiederholt
- die ähnlich erledigt wird

2. Teilarbeiten

2. Zerlegen Sie den Gesamtablauf in Arbeitsphasen

- Was muß alles getan werden?
- Was muß alles beachtet werden?
- Wer muß ggf. gefragt oder kontaktiert werden?
- Wer ist zu informieren etc.?

3. Reihenfolge

3. Stellen Sie eine logische Reihenfolge zusammen

- Was hängt voneinander ab?
- Welche zeitlichen Bedingungen sind einzuhalten?
- Was baut sachlogisch aufeinander auf?
- Wo werden Zwischenergebnisse gebraucht?

4. Gruppenbildung

4. Nehmen Sie eine Gruppenbildung vor

- Welche Tätigkeiten wiederholen sich?
- Wo gibt es logische Zwischenstops?
- Wo werden gleiche Hilfsmittel gebraucht?

5. Überarbeitung

5. Überarbeiten Sie Ihre vorläufige Checkliste

- Fehleranalyse
- Kritische Phasen
- Delegationsmöglichkeiten
- Probelauf
- Endkorrektur
- Fertige Checkliste

"Wo soll'n das Grundgerüst für die Checkliste hin?"

Was ?

Persönliche Checkliste
Vorgangs-Übersicht
Projekt-Planung

✎ Versuchen Sie, von Ihren **wiederkehrenden Arbeiten** Checklisten nach diesem 5-Stufen-Schema zu erarbeiten!

✎ Entwickeln Sie auch für **Vorgänge** und **Projekte checklistenähnliche Formulare**!

D Delegationstechnik

"Wer alleine arbeitet, addiert –
wer zusammen arbeitet, multipliziert."
(Orientalische Weisheit)

Warum ?

Delegation von
- Aufgaben
- Kompetenzen
- Verantwortung

Delegation bedeutet die **Übertragung von Aufgaben** aus dem Funktionsbereich einer Führungskraft auf einen Mitarbeiter. Gleichzeitig sollten **Kompetenzen und Verantwortung** delegiert werden.

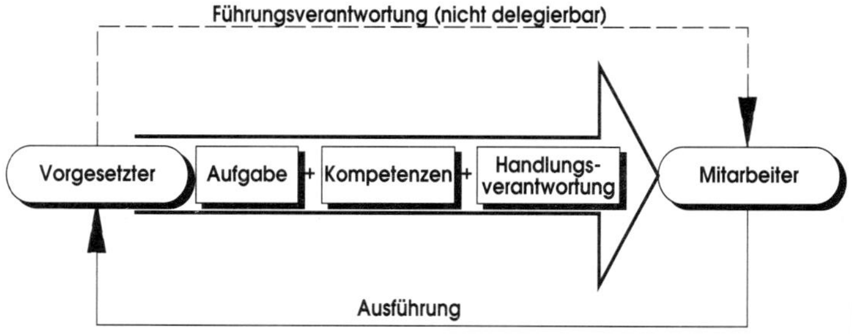

Warum delegieren?

Richtiges Delegieren bringt für alle Beteiligten gleichermaßen **Vorteile**:

• Gesamteffizienz im Unternehmen
• Selbstentlastung und Zeitgewinn
• Mitarbeiterentwicklung
• Aufgabenerledigung

- das **Unternehmen** weiß die Aufgabenerledigung noch auf der jeweils höchsten Stufe der Kompetenz (Peter-Prinzip)
- die **Führungskraft** erfährt spürbare Entlastung und gewinnt Zeit für andere, d.h. wichtigere Aufgaben
- der **Mitarbeiter** wird systematisch an höherwertige Aufgaben herangeführt, gefördert und weiterentwickelt
- die **Aufgabe** selbst wird schneller – und manchmal auch besser! – erledigt

Die konventionelle Definition von Delegation ist "Arbeit durch Leute verrichten zu lassen". Wir glauben, daß diese Definition veraltet ist. Echte Delegation bedeutet, "Leute durch Arbeit zu entwickeln".
(nach Agha Hasan Abedi, BCCI-Bank)

Delegationstechnik

D

Wie ?

6 W-Regeln für den Delegationsauftrag

Delegationstechnik

WAS?

- Was ist überhaupt alles zu tun? ....
- Welche Teilaufgaben sind im einzelnen zu erledigen? ....
- Welches Ergebnis wird angestrebt? ....
- Welche Abweichungen v. Soll können in Kauf genommen werden?
- Welche Schwierigkeiten sind zu erwarten? ....

*1. **Was** soll getan werden (Inhalt)?*

WER?

- Wer ist geeignet, diese Aufgabe oder Tätigkeit auszuüben? ....
- Wer soll bei der Ausführung mitwirken? ....

*2. **Wer** soll es tun (Person)?*

WARUM?

- Welchem Zweck dient die Aufgabe oder Tätigkeit (Motivation, Zielsetzung)? ....
- Was passiert, wenn die Arbeit nicht o. unvollst. ausgeführt wird?

*3. **Warum** soll er es tun (Motivation, Ziel)?*

WIE?

- Wie soll bei der Ausführung vorgegangen werden? ....
- Welche Verfahren sollen angewendet werden? ....
- Welche Vorschriften und Richtlinien sind zu beachten? ....
- Welche Stellen/ Abteilungen sind zu informieren? ....
- Welche Kosten dürfen entstehen? ....

*4. **Wie** soll er es tun (Umfang, Details)?*

WOMIT?

- Welche Hilfsmittel sollen eingesetzt werden? ....
- Womit muß der Mitarbeiter ausgerüstet sein? ....
- Welche Unterlagen werden benötigt? ....

*5. **Womit** soll es gemacht werden (Arbeitsmittel)?*

WANN?

- Wann soll/muß mit der Arbeit begonnen werden? ....
- Wann soll/muß die Arbeit abgeschlossen sein? ....
- Welche Zwischentermine sind einzuhalten? ....
- Wann will ich über den Fortschritt der Aufgabe vom Mitarbeiter informiert werden? ....
- Wann muß ich was kontrollieren, um ggf. einzugreifen? ....

*6. **Wann** soll es erledigt sein (Zwischen- und Endtermine)?*

Was ?

Aktivitäten-Liste

✎ Investieren Sie mehr Vertrauen in andere und überprüfen Sie Ihre **Aktivitäten-Liste** darauf, was Ihre Mitarbeiter für Sie tun könnten!

Delegationsliste

✎ Legen Sie eine **Delegationsliste** an, um die von Ihnen delegierten Aufgaben im Griff zu behalten und terminlich zu kontrollieren.

E

Erfolgsmethoden

Def.: Erfolg ist der Grad und die Art der Ziel-Erreichung (Hardy Wagner)

"Für den Optimisten ist das Leben kein Problem, sondern bereits die Lösung."
(Marcel Pagnol)

Warum ?

Unzählige Methoden

Um **Erfolge** systematisch zu verursachen, wurde eine nahezu unübersehbare Flut von Gesetzen, Regeln und Techniken entwickelt, die für viele Arbeitserleichterung, Lebenshilfe und Fortkommen bedeuten.

Viele Erfolgs-Lehrer

Bekannte **Erfolgsmethodiker** wie Gustav Großmann, Josef Hirt, Wolfgang Mewes, Oscar Schellbach oder Alfred R. Stielau-Pallas im deutschsprachigen Raum und Frank Bettger, Dale Carnegie, Napoleon Hill, Joseph Murphy, Norman Vincent Peale in den USA haben viele Millionen Schüler – und ihren Markt – gefunden.

Nutzen

Welchen Nutzen bieten nun die sog. **Erfolgsmethoden**?

"Wenn Du einmal Erfolg hast, kann es Zufall sein.
Wenn Du zweimal Erfolg hast, kann es Glück sein.
Wenn Du dreimal Erfolg hast, so sind es Fleiß und Tüchtigkeit."

Jeder hat Potential

Erfolg ist lernbar

Jeder Mensch ist der Gestalter seines eigenen Lebens. In jedem steckt das Potential, um ein sinn- und gehaltvolles Leben zu führen. Erfolgsmethoden helfen, denn auch Erfolg kann gelernt und trainiert werden.

"Zum Erfolg gibt es keinen Lift. Man muß die Treppe benutzen."

Erfolgsmethoden

E

Wie ?

"Auch die längste Reise beginnt mit dem ersten Schritt"
(Chinesische Weisheit)

"Der Weg ist das Ziel."
(ZEN)

Mit welcher **Erfolgsmethode** kommt man nun voran? Die Frage nach der **richtigen** Methode ist nicht allgemein zu beantworten. Viele erfolgreiche Persönlichkeiten sind auf unterschiedliche Weise erfolgreich geworden. Entscheidend ist jedoch, **überhaupt methodisch gearbeitet**, konsequent durchgehalten und **an sich selbst geglaubt** zu haben.

Kein Dogma
Methodisches Arbeiten

Kraft der inneren Einstellung

Es gibt kein **Patentrezep**t für den Erfolg, aber viele Wege dorthin! Die **Hauptfaktoren**, die wirklich Erfolgreiche auszeichnen, sind (vgl. A. Stielau-Pallas):

1. Sie **wissen** genau, **was Sie wollen.**
2. Sie setzen Ihre Energie **konzentriert** und wirkungsvoll ein.
3. Sie besitzen ein gutes **Selbstvertrauen**.
4. Sie treffen klare **Entscheidungen**.
5. Sie haben klare Verhältnisse in allen Ihren **Beziehungen**.
6. Sie wissen sich und Ihre Ziele gut zu **verkaufen**.
7. Sie können sich und andere **motivieren**.
8. Sie kennen Ihren **Lebenszweck**.

Spielregeln des Erfolgs
nach A. Stielau-Pallas:

1. Zielsetzung
2. Konzentration
3. Selbstvertrauen
4. Entscheidungsfreude
5. Gute Beziehungen
6. Image
7. Motivation
8. Selbstverwirklichung

Es gibt nicht wenige **Methodik-Spezialisten**, die von Methode zu Methode eilen und vieles einmal angefangen haben, anstatt bei einer Methode zu bleiben und weiterzumachen.

Mut/Konsequenz

Was ?

✎ Bedenken Sie bei der Anwendung Ihrer **Erfolgsmethode**:
- Wer stets an viel Arbeit denkt, wird stets **viel Arbeit** haben.
- Wer stets an seine Zielerreichung denkt, wird seine **Ziele** auch erreichen.

✎ Wählen Sie heute einen **Erfolgsfaktor** aus, an dem Sie bewußt arbeiten wollen.

Erfolgsprogrammierung beachten
- *viel Arbeit*
- *Zielerreichung*

Erfolgsfaktor auswählen

F Freizeit

> "An der Freizeit kann man seine Freiheit ermessen. An der Arbeit auch."
> *(H.-H. Skupy)*

Warum ?

Überbetonung einzelner Lebensbereiche führt zu Defiziten in anderen Bereichen:
• zwischenmenschliche Kontakte leiden
• körperliche und seelische Regeneration unterbleiben

Alle Kapitel dieses Buches helfen Ihnen, Ihre Leistung zu verbessern. **Leistung** ist jedoch nur ein – wenngleich wichtiger – Bereich des Lebens. Wird er einseitig **überbetont**, leiden Freizeit und damit drei andere – nicht minder wichtige – Bereiche:

- Qualitativ hochwertige **Kontakte** zum Ehe- oder Lebenspartner, zu den Kindern, Eltern, Freunden und Ihren Mitmenschen werden nachhaltig gestört, wenn berufliche Verpflichtungen sie immer wieder erschweren.
- Für den **Körper** wird häufig erst dann etwas getan, wenn gesundheitliche Schwierigkeiten sich abzeichnen. Regeneration, Muße und liebevolle Pflege der Gesundheit unterbleiben oft.
- Die Frage nach dem **Sinn** des Ganzen wird nicht oder nur oberflächlich gestellt, wenn unablässiges Arbeiten Fantasie, die Auseinandersetzung mit der Zukunft und natürliche Kreativität unterdrückt.

Peseschkian´s) Balance-Modell*

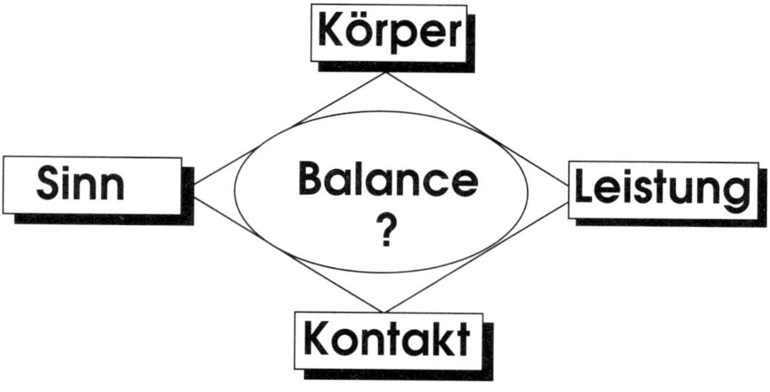

Alle vier Bereiche bilden nach Dr. N. Peseschkian die Seiten eines Quadrats, das außer Balance gerät, wenn Bereiche stark über- oder unterbetont werden. In **innerer Balance** werden Sie immer dann sein, wenn Sie allen vier Bereichen gleichermaßen Ihre Aufmerksamkeit und Zeit schenken.

*) Die Verfasser danken Dr. N. Peseschkian, Facharzt und Gründer der "Deutschen Gesellschaft für Positive Psychotherapie", für seine wertvollen Anregungen, die er auf der Basis langjähriger Untersuchungen in 18 Kulturen gewann.

Freizeit

F

Wie ?

1.Bestandsaufnahme

Bestandsaufnahme vornehmen

Welche Bereiche dominieren:

- *Leistung ?*
- *Kontakte ?*
- *Körper ?*
- *Sinn ?*

Machen Sie eine persönliche Bestandsaufnahme:
Lassen Sie die **letzten vier Wochen** Revue passieren – Wo blieben Ihre Zeit und Energie?

- Dominierte der Bereich der **Arbeit**, also die "Leistung"?
- Haben Sie sich Zeit für Ihre **Familie**, Freunde und Ihre Mitmenschen gelassen – also für qualitativ hochwertige Kontakte?
- Schenkten Sie Ihrem **Körper** genügend Aufmerksamkeit? Gönnten Sie sich Muße, Zeit zur Regeneration, zum Auftanken?
- Haben Sie Raum gelassen für Fantasie, die Frage nach dem **Sinn**, dem Glauben, der Intuition und neuen Ideen?

2. Wertung

Bestandsaufnahme auswerten

Werten Sie Ihre persönliche Bestandsaufnahme aus:

- Welchem Bereich würde eine Stärkung gut tun?
- Welchen Nutzen hätte das für Sie ?

3. Konsequenzen

Konsequenzen ziehen

Ziehen Sie daraus Ihre Konsequenzen:

"Wenn nicht jetzt, wann dann...?"

104 Tage Zusatzurlaub bewußt ausnutzen

Haben Sie schon einmal bewußt daran gedacht, daß Sie eigentlich rund **100 Tage** zusätzlichen Urlaub im Jahr zur Verfügung haben? Viele leben nur für den "großen" Jahresurlaub. Nutzen Sie gezielt die vielen,"kleinen"**Kurzurlaube** an den **Wochenenden** (52 x 2 = 104 Tage) und gewinnen Sie dieser wertvollen Zeit neue Werte im Sinne des **Balance-Modells** ab!

Was ?

- ✏ Was werden Sie heute konkret tun, um in **Muße** einen "schwachen" Bereich zu stärken?
- ✏ Wie können Sie es so tun, daß Sie **Freude** daran haben?

"Allah hat die Zeit erfunden, doch von der Eile hat er nichts gesagt !"

G Gesprächsvorbereitung

> "Ein Gespräch ohne Vorbereitung ist
> wie eine Therapie ohne Diagnose."
> *(Beratererfahrung)*

Warum ?

Zeitdieb Nr. 1: schlecht vorbereitete Gespräche

Gäbe es einen Wettbewerb um die typische Manager-"Un"tätigkeit, würden **Gespräche** mit Sicherheit den ersten Platz belegen: Zweier-Gespräche, Konferenzen, Telefonate, Kundenbesuche u.v.m. **Unzureichende Vorbereitung** ist eine Hauptursache geringer Gesprächseffizienz.

Warum Gespräche vorbereiten?

Eine gute **Gesprächsvorbereitung** bringt beiden Gesprächspartnern Vorteile und Nutzen.

Gesprächsführer
- *Zeit sparen*
- *Ruhe gewinnen*
- *Einwände schon vorher entkräften*
- *Kompetenz gewinnen*

Sie als **Gesprächsführer**:
- sparen **Zeit** – weil Sie schneller zum Kern der Sache kommen
- zeigen **Stärke** – weil Sie Einwände, da vorher bedacht, sofort entkräften können
- gewinnen an **Kompetenz** – weil Sie selbst "Kleinigkeiten" schon mit Fakten überlegt haben
- haben **Erfolg** – weil Sie vorher wissen, was Sie hinterher erreicht haben wollen.

Gesprächspartner
- *Dankbarkeit*
- *Kunde fühlt sich ernst genommen*
- *Nutzen klar*

und Ihr **Gesprächspartner**:
- ist dankbar – weil auch er wertvolle **Zeit** gewinnt
- fühlt sich **wichtig genommen** - weil Sie sich auf seine spezielle Situation eingestellt haben
- fühlt sich wohl – weil Sie ihm klar den **Gesprächsnutzen** verdeutlicht haben

Gesprächsvorbereitung

Wie ?

7 Fragen zur erfolgreichen Gesprächsvorbereitung:

Vorbereitung des Gesprächs

- *Zielsetzung*

1. Was ist das **Ziel** des Gesprächs?

Grundregel: Kein Gespräch ohne klare, meßbare Zielsetzung!

- *Vorinformationen*
- *Unterlagen, Hilfsmittel*
- *Gesprächs- eröffnung*
- *Besprechungs- punkte*
- *Einwände und Antworten*
- *Relative Stärken*

2. Welche **Vorinformationen** über Ihr Gegenüber, das Unternehmen oder das Problem haben oder benötigen Sie?
3. Welche **Unterlagen** oder **Präsentationsmittel** brauchen Sie für einen kompetenten Eindruck?
4. Wie wollen Sie das **Gespräch eröffnen**, z.B. das Interesse Ihres Kunden oder Chefs wecken?
5. Welche **Besprechungspunkte** wollen Sie anschneiden ? Notieren Sie Ihre Probleme und überlegen Sie sich Lösungen?
6. Mit welchen **Einwänden** rechnen Sie - und was sagen Sie kompetent und sachlich jeweils dazu?
7. Was sind Ihre besonderen **Stärken** – und worin unterscheiden Sie sich von anderen Mitarbeitern, Anbietern o.ä.?

Check-up für Gesprächs- vorbereitung

Gesprächsvorbereitung	
Planung:	• Termin • Thema • Zeitlimit • Vorbereitung • Unterlagen
Eröffnung:	• Kurze Begüßung • Direkt auf Kernpunkt
Verlauf:	• Thementreu bleiben • Aktiv zuhören
Abschluß:	• Konkrete Aufgabenverteilung (Follow up) • Einhaltung des Zeitlimits • Kurze Zusammenfassung • Beendigung mit persönlichen Worten

Was ?

Schriftliche Vorbereitung bringt:

- *Zeitgewinn*
- *Klarheit*

⌨ Legen Sie **vor** jedem wichtigen Gespräch einen Besprechungsplan an, damit Sie später

⌨ **während** des Gesprächs alle Beschlüsse, Ergebnisse und Maßnahmen eindeutig festlegen können!

H

Hilfsmittel ZPB

"Ein entschlossener Mensch wird mit einem Schraubenschlüssel mehr anzufangen wissen als ein unentschlossener mit einem Werkzeugladen." *(E. Oesch)*

Warum ?

Führungskräfte als Simultan-Spieler

Führungskräfte gleichen vielfach einem Schachspieler, der versucht, zwanzig oder mehr Partien simultan zu spielen:

Koordination und Kontrolle von Aufgaben, Terminen und Menschen

- **Projekte**, die aus vielen Einzel-Aktivitäten bestehen,
- **Zusagen**, die eingehalten werden wollen,
- **Termine**, die gemacht worden sind,
- **Mitarbeiter**, die versprachen, Aufgaben zu erledigen,
- **Kunden**, bei denen "nachgefaßt" werden soll etc.

Permanenter Überblick

Alle diese Aktivitäten müssen geplant, organisiert und kontrolliert werden!

"Kopf frei" mit dem Zeitplanbuch

Ein Weltklasse-Schachspieler hat alle Züge (inklusive der Konsequenzen!) abrufbereit gespeichert. Die Führungskraft fühlt sich dagegen oft überfordert, alles im Kopf zu behalten. Abhilfe schafft hier ein geniales, einfaches Hilfsmittel: das **Zeitplanbuch (ZPB)**. Es bietet **alles in einem**:

Anwendungsbereiche und Hilfsmittel eines ZPB

- Terminkalender und Tagebuch
- Notizbuch und Projektübersicht
- Planungsinstrument und Nachschlagewerk
- Gedächtnisstütze und Kontrollwerkzeug
- Zettelkasten und Ideenspeicher
- Telefon- und Adressregister
- "Knoten im Taschentuch" und vieles mehr ...

Vorteile eines ZPB
• Übersicht
• Koordination
• Kontrolle

Die besonderen **Vorteile** liegen auf der Hand – ein Zeitplanbuch:
- schafft Übersicht über anstehende Aufgaben
- koordiniert Aufgaben und Termine zielorientiert und
- ermöglicht damit erfolgreiche Erledigung und Kontrolle.

Hilfsmittel ZPB

H

Wie ?

Hohen Nutzen ziehen Sie aus Ihrem Zeitplanbuch, wenn es vom **Inhalt** und **Aufbau** her mit flexibler **Ringmechanik** alle wesentlichen Kalenderteile, persönlichen und allgemeinen Informationen im direkten Zugriff (“alles in einem”) jederzeit für Sie verfügbar macht.

Mit Ringmechanik immer aktuelle Daten

Wenn Sie mit einem **Zeitplanbuch** arbeiten, können Sie damit zwei Dinge bewirken:

- Entweder Sie erreichen damit, Ihre Zeit so einzuteilen, daß Sie **noch mehr Zeit zum Arbeiten** haben.
- Oder Sie können damit gewinnen, nämlich Ihre Zeit so einzuteilen, daß Sie **mehr Zeit für sich selbst** (Freizeit, Familie) haben.

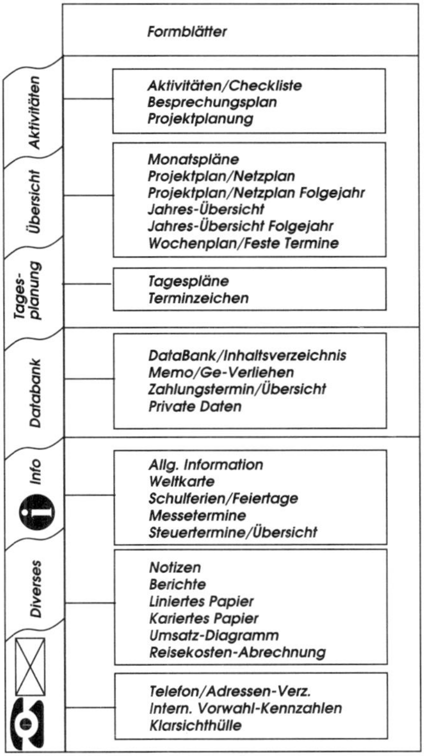

Zeitplanbuch = alles in einem:

- *Termine*
- *Aufgaben-Wiedervorlage*
- *"Wandelndes" Büro*
- *Adressen- und Telefonregister*

Anwendung des Zeitplanbuchs:

- *mehr Zeit zum Arbeiten*
- *mehr Zeit zum Leben*

Was ?

- Nutzen Sie Ihr Zeitplanbuch **täglich**. Es ist das wichtigste Hilfsmittel für Ihre persönliche Arbeitstechnik. Erfahrungsgemäß gewinnen Sie dadurch mindestens 1 Stunde am Tag.
- Bleiben Sie **konsequent**: Halten Sie Ihr ZPB auf dem laufenden, “misten” Sie alte Daten regelmäßig (z.B. monatlich) aus.

Zeitplanbuch nutzen, täglich 1 Stunde Zeit gewinnen
Konsequenz = Erfolg

I Informationsbearbeitung

"Gewöhnlich ist der im Leben Erfolgreichste
auch der Bestinformierte."
(Benjamin Disraeli)

Warum ?

Sind Sie ein "Papierschieber"?

Sicher haben Sie sich schon einmal dabei beobachtet:
Sie nehmen einen "Vorgang" auf, lesen ihn an, legen ihn wieder hin, schieben ihn später von einem Stapel zum anderen, vergessen nach einiger Zeit völlig, um was es ging, lesen sich wieder ein und so weiter....! Beunruhigend dabei ist vor allem: Ihr Papierstapel wächst und wächst!

Informationsgesellschaft
(Abb. aus: P. Russell, Die erwachende Erde, 2.A. München: Heyne 1984, S. 94)

Täglich (!) 6.000-7.000 Fachartikel

Unsere Industrienation ist längst eine **Informationsgesellschaft** geworden. **Täglich** werden wir mit einer nie dagewesenen Flut an Informationen überschüttet: Weltweit erscheinen z.B. 6.000 bis 7.000 technische und wissenschaftliche Artikel! Zukünftig wird sich dieses Wissen alle 20 Monate verdoppeln.

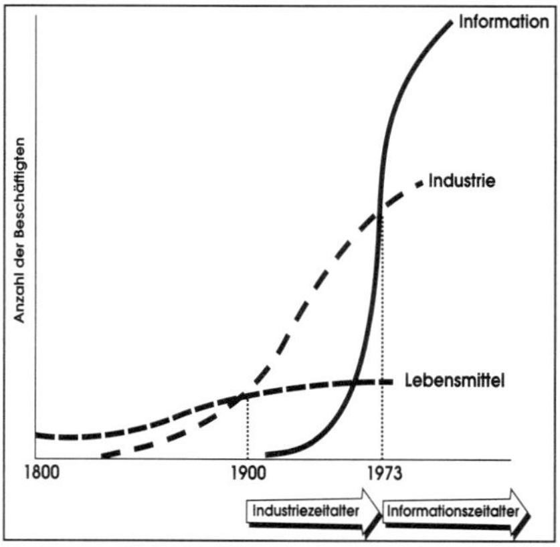

Das Problem in der Praxis ist jedoch:

50% überflüssig!

50% der umlaufenden betrieblichen Informationen sind überflüssig!

Informationen kanalisieren

Effektive Informationsbearbeitung bringt für alle Beteiligten gleichermaßen Nutzen:

- *Zeitgewinn* — Sie gewinnen **Zeit**: Bis zu 30% eines Tages gehen durch ineffektives "Papierschieben" verloren!
- *Überblick* — Sie gewinnen **Überblick**: Mit einem Griff finden Sie die gewünschte Informationen !
- *Prioritäten* — **Wesentliches** wird sofort erkannt: Daten werden nach klar erkennbaren Prioritäten bearbeitet!
- *zügige Information anderer* — **Andere** können zügig weiterarbeiten: Informationen werden sofort an den Richtigen weitergeleitet !

Informationsbearbeitung

I

Wie ?

So kanalisieren Sie Ihre **Informationsflut** effektiv:

Entscheiden Sie bei allen ***Informationen sofort:***

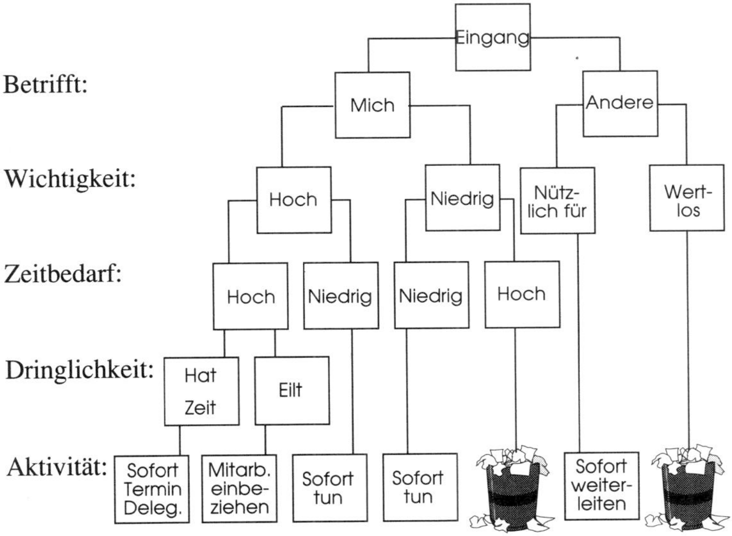

Wen betrifft es?

Wie wichtig ist es?

Wie hoch ist der Zeitbedarf?

Wie dringlich ist es?

Was ist also mit der Information zu tun?

Einfaches ***Schreibtisch-System:***

Mit diesem **Schreibtisch-System** behalten Sie den **Überblick**:

Eingangskorb: eingehende Post und Informationen Ausgangskorb: Informationen/Aufgaben für Mitarbeiter

- *Eingang*
- *Ausgang*

Roter Korb: Sofort zu tun Grüner Korb: Lesen

- *Sofort tun*
- *Lesen*

Pultordner/Hängemappen mit Termin-"Reitern": Wiedervorlage Hängemappen: Projekte, Sonderaufgaben, Ideen

- *Wiedervorlage*
- *Projekt-Info*

Papierkorb: "End-Ablage"

Was ?

✎ Bearbeiten Sie alle neu eingehenden Informationen nach dem **Entscheidungsbaum** (einschl. Aktivitäten)!

✎ Ordnen Sie die Informationen dem **Schreibtisch-System** zu!

- *Entscheidungsbaum*
- *Schreibtisch-System*

J Jahresplanung

"Wer nicht genau weiß, wohin er will, braucht sich nicht zu wundern, wenn er ganz woanders ankommt."
(Robert F. Mager)

Warum ?

Viele Probleme haben ihre Ursache im langfristig-strategischen Bereich

Die mittel- und langfristige **Erfolgsbilanz** vieler Führungskräfte und Mitarbeiter zeigt leider allzu häufig, daß sie ihren **strategischen Zielen** nur unzureichend nachgegangen sind, weil sie sich im Arbeitsalltag zu sehr von ihren tatsächlichen Hauptaufgaben haben ablenken lassen.

Tagesplanung Jahresplanung Ziele festlegen und überprüfen System der Zeitplanung

Neben der kurzfristigen ➛ **Tagesplanung** ist die **Jahresplanung** der Zeitraum, für den Sie regelmäßig Ihre beruflichen und privaten Ziele festlegen und überprüfen sollten. Eine Quartals-, Monats- oder Wochenplanung **kann** darüber hinaus Bestandteil Ihres persönlichen **Systems einer Zeitplanung** werden; dies hängt jedoch vom jeweiligen Einzelfall ab.

Regelmäßige Jahresplanung

Auf jeden Fall sollte aber **regelmäßig** die Frage nach den aktuellen **jährlichen Zielen und Plänen** gestellt werden!

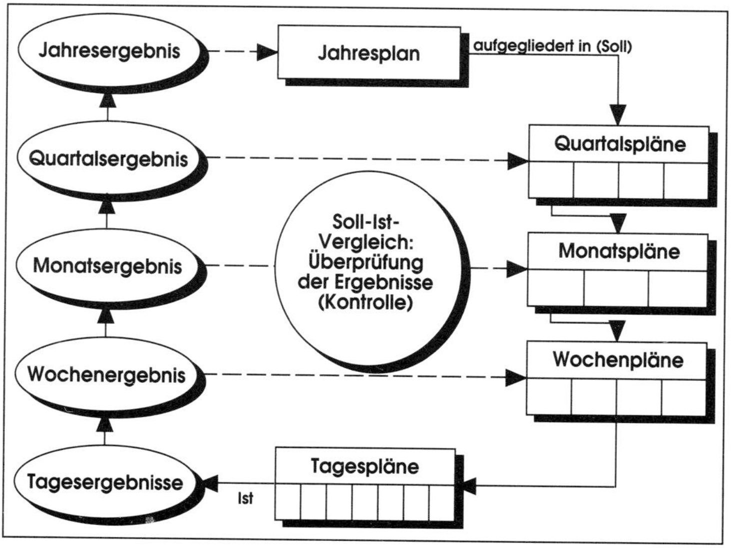

Jahresplanung

J

Wie ?

Legen Sie am Ende des Vorjahres, spätestens jedoch am **Jahresanfang** fest, welche größeren **Aufgaben und Ziele** Sie für die nächsten 12 Monate angehen wollen.

Alle Jahre wieder... Aufgaben und Ziele der nächsten 12 Monate

Sie können jedoch nur noch einen Teil frei verfügbarer Zeit verplanen. Ein bestimmtes Kontingent wird durch Routinearbeiten, Besprechungen, Termine, Dienstreisen, Fortbildungsmaßnahmen, Urlaub etc. in Anspruch genommen werden.

Begrenztes Zeitkontingent

Wie gehen Sie nun bei der **Jahresplanung** vor?

Jahresplanung

- Erstellen Sie eine **Erfolgsbilanz** des Vorjahres (größte Erfolge, Leistungen, Freuden etc.).
- Definieren Sie Ihr übergeordnetes **Leistungsziel**, das Sie ggf. aus einem Lebenszielplan ableiten (Unternehmensziel, Abteilungsziel, persönliches Ziel, z.B. Jahreseinkommen).
- Formulieren Sie die gewünschten **Erfolgsziele** für dieses Jahr auf einer Liste (Planungsformular).
  - **Innovationsziele**: Was soll neu entwickelt, eingeführt, verändert werden?
  - **Verbesserungsziele**: Was soll erhöht, reduziert, welche Probleme sollen gelöst werden?
  - **Erhaltungsziele**: Was soll beibehalten, fortgeführt, verlängert werden?
  - Welche **persönlichen Ziele** wollen Sie in bestimmten Bereichen erreichen?

• Erfolgsbilanz

• Jahresleistungsziel

• Jahreserfolgsziele

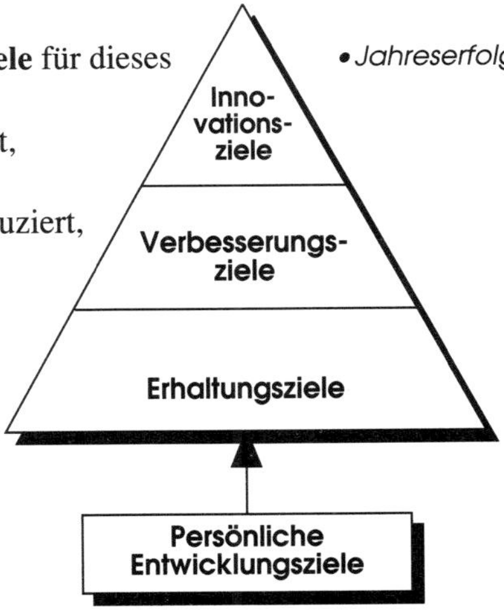

Was ?

✎ Formulieren Sie gleich am nächsten Samstag einen ➝ **Zielplan** für den Rest dieses Jahres!

Zielplan

✎ Planen Sie hierzu auch die Zielerreichung nach der ➝ **Wieplan-Technik**!

Wieplan

K

Korrespondenz

"Der Papierkorb ist der beste Freund des Menschen
– im Büro."
(Büroweisheit)

Warum ?

Informationsflut kanalisieren statt in ihr zu ertrinken

"Ertrinken" auch Sie in der **Briefflut**? Heute überschwemmen Werbebriefe, Geschäftspost, Angebote, Rechnungen und Mahnungen den Schreibtisch. Ablagesysteme bersten, Papierkörbe quellen über und Aktenvernichter fahren Überstunden.

300 Prozent mehr Schriftgut

Schätzungen von Fachleuten ergaben: In den letzten 15 Jahren stieg das zu verarbeitende **Schriftgut** um cirka 300 Prozent. Ein immer größer werdender Teil unserer Zeit wird durch Papierverarbeitung gebunden.

Effektive Korrespondenz

Abhilfe schafft hier **effektive Korrespondenz**-Arbeit. Damit entlasten Sie sowohl sich **selbst** als auch Ihre **Sekretärin**:

• rationelle Postbearbeitung

• optimales Diktieren

• geeignete Korrespondenzmittel

- durch **Vorsortieren** Ihrer Post konzentrieren Sie sich auf das für Sie Wesentliche,
- der **Posteingang** wird möglichst einmal und abschließend bearbeitet,
- Sie und Ihre Sekretärin sparen Zeit durch effektives **Diktieren**
- durch Auswahl des jeweils richtigen **Korrespondenzmittels** sparen Sie Zeit und Kosten.

Zeitaufwand für Diktierverfahren bei gleichem Textumfang: *)

Steno-Diktat		**Stichwort-Diktat**		**Phono-Diktat**	
diktieren:	37 Min.	diktieren:	12 Min.	diktieren:	30 Min.
+stenografieren:	37 Min.	stenografieren:	12 Min.		
+schreiben:	63 Min.	formul./schreiben:	88 Min.	schreiben:	53 Min.
Total:	137 Min. (=100%)	Total:	112 Min. (=80%)	Total:	83 Min. (=60%)

*) L. Steinherr, Selbstentlastung durch effektive Planungs-, Organisations- und Arbeitstechnik, Kissing: Weka 1980, S. 120.

Korrespondenz

K

Wie ?

1. So wird Ihre Eingangspost schnell und sicher bearbeitet:

Ration. Eingangspost:
• vorsortieren

- Lassen Sie Ihre Post in Mappen vorsortieren:

1. Mappe:	2. Mappe:	3. Mappe:
erfordert Ihre sofortige Reaktion	wichtige Information für Sie	weniger wichtige Informationen

- Informationen ohne Wert: sofort in den **Papierkorb**.
- **Leiten** Sie sofort **weiter**, was andere bearbeiten können.
- **Markieren** Sie sofort wichtige Stellen im Schreiben.
- Machen Sie sofort **Bearbeitungsvermerke** im Text.
- **Erledigen** Sie sofort,was **sofort** abzuschließen ist.
- Bearbeiten Sie **Schriftstücke** möglichst nur **einmal**.

• Papierkorb nutzen
• schnell weiterleiten
• Bearbeit.-Vermerke
• einmal und abschließend bearbeiten

Grundregel: Was morgens an Post hereinkommt, sollte abends auch wieder herausgehen!

Morning in = Evening out

2. So diktieren Sie effektiv:

- Benutzen Sie ein professionelles **Diktiergerät**.
- Legen Sie zu Beginn alle **Unterlagen** bereit.
- Diktieren Sie Ihre Schreiben in einem **Zeitblock**.
- Sprechen Sie **deutlich**, buchstabieren Sie Schwieriges.

Rationelle Diktate:
• Hilfsmittel nutzen
• Unterlagen bereitstellen
• deutlich sprechen

3. So korrespondieren Sie effektiv:

- Nutzen Sie die **"Sofort-Antwort"**: senden Sie Original-Schreiben mit Ihrem handschriftlichen Vermerk zurück.
- Setzen Sie vorgedruckte **"Kurz-Briefe"** ein.
- Überprüfen Sie, ob Telefon, Fernschreiber, Teletex , Telefax oder **Mailbox** nicht effektiver sind.
- Legen Sie Musterbriefe oder EDV-**Textbausteine** an.
- Erledigen Sie Ihre Korrespondenz **blockweise**.
- Drücken Sie sich **kurz, klar** und **kulan**t aus.

Rat. Korrespondenz:
• Sofort-Antwort
• Kurz-Brief
• Telefon
• Mailbox
• Textbausteine
• Blockbildung
• k-k-k

Was ?

- ✎ Lassen Sie ab heute Ihre Post vorsortieren!
- ✎ Werden Sie ein perfekter "Diktator"!
- ✎ Nutzen Sie alle Möglichkeiten, Ihre Korrespondenz zu vereinfachen und zu beschleunigen!

• Vorsortieren
• Diktieren statt telefonieren
• Sofort-Erledigung

L

Lesetechniken

> "Lesen ohne System wäre Zeitverlust
> und Geldverschwendung."
> *(W. Zielke)*

Warum ?

Herkömmliches Lesen:

Durchschnittlich **30%** ihrer **Zeit** verbringen Führungskräfte mit **Lesen. Zeitverluste** entstehen dabei vor allem durch:

• zu langsam
• zu viel
• zu wenig behalten

• ineffektive Lesetechniken
• Lesen nutzloser Informationen und
• mangelhafte Speicherung des Gelesenen.

geringe Blickspanne

Langsame Leser erfassen mit einem Blick nur wenig. Je mehr ein Blick erfasst, desto weniger strengen Sie Ihre Augen an und um so schneller lesen Sie. Überprüfen Sie Ihre derzeitige **Blickspanne**:

Test

Blicken Sie auf die Mittellinie und beginnen Sie beim obersten Buchstabenpaar. Bis zu welcher Zeile nehmen Sie noch beide Buchstaben wahr?

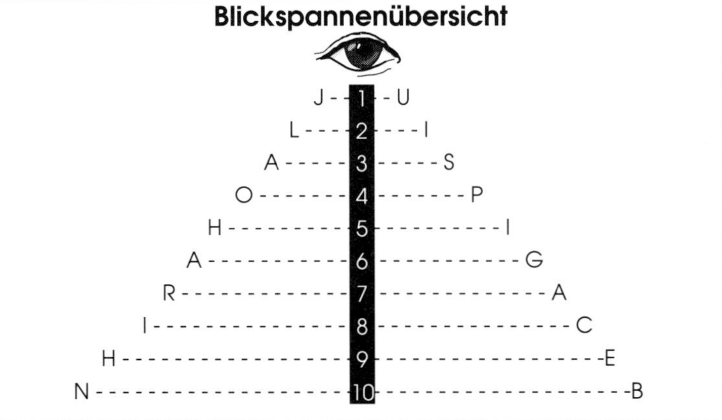

Ohne Training lesen Sie 200-250 Worte pro Minute (WpM) - **mit Training** schaffen Sie 400-500 WpM und behalten mehr!

Auswahl
+ Schnelligkeit
+ Verständnis
= Profi-Lesen

Hohe **Lese-Geschwindigkeit** allein ist sinnlos. Sie muß ergänzt werden durch ein hohes **Lese-Verständnis** und vor allem zielorientierte **Lese-Auswahl.**

Lesetechniken

L

Wie ?

So treffen Sie eine zielorientierte Lese-Auswahl:

Lese-Auswahl
- *Prioritäten setzen*

- Müssen Sie dieses Schriftstück lesen ? ....Ja ....Nein
- Fällt es in Ihren Aufgabenbereich? ....Ja ....Nein
- Ist es von aktuellem oder persönlichem Interesse? ....Ja ....Nein

Lesen!

Nicht Lesen! Weiterleiten oder in den Papierkorb!

So erhöhen Sie Ihre Lese-Geschwindigkeit:

Lese-Geschwindigkeit

- Vor dem Lesen erweitern Sie regelmäßig 1-2 Minuten lang Ihre Blickspanne mit der **Blickspannen-Übersicht** (neue Übersichten sind schnell angefertigt). — *Blickspanne weiten*
- Beim Lesen von Texten mit geringer Zeilen-Breite (z.B. Zeitungsartikel) fixieren Sie anfangs zweimal, später nur noch einmal pro Zeile. Reduzieren Sie **Blickfixierungen** auf das Mindestmaß bei Texten größerer Breite. — *Fixierungen pro Zeile reduzieren*
- Beim Lesen schränken Sie Mitsprechen des Textes auf wichtige **Schlüsselworte** ein. — *Mitsprechen minimieren*

So erhöhen Sie Ihr Leseverständnis:

Lese-Verständnis

- **Fragen** Sie sich vor dem Lesen: Was wissen Sie schon über das **Thema**? Warum wollen Sie es lesen? — *Neugier aktivieren*
- **Überfliegen** Sie den **Stoff**: Titel – Einleitung – Zwischenüberschriften – Visualisierungen (Bilder, Grafiken etc.) – Zusammen–fassung. — *Überblick verschaffen*
- **Entscheiden** Sie, ob Ihnen die **Information** reicht oder ob Sie jetzt genauer lesen wollen. Im letzteren Fall: — *Aufhören oder genau lesen*
- **Lesen** Sie den Stoff **zügig** vom Anfang bis Ende.
- **Werten** Sie ihn aus (➻ Visualisierungstechnik:"Mind Map") und **wenden** Sie an: was können Sie davon in die Praxis umsetzen? — *Auswerten und anwenden*

Was ?

✏ Üben Sie täglich mit der **Blickspannen-Übersicht**! — *Blickspanne trainieren*

✏ Reservieren Sie sich **feste Zeiten** zum **Lesen**! — *Lesezeiten planen*

M

Meetings

"Meeting: der Triumph des Sitzfleisches über das Gehirn." *(Definition eines amerikanischen Bankiers)*

Warum ?

50% und mehr Zeit in Besprechungen

Jede Führungskraft und jeder Mitarbeiter ist betroffen von dem Problem, einen großen Teil seiner Zeit in Besprechungen zu verbringen. Je höher die hierarchische Ebene, desto mehr praktizieren sie "Management by IBM" (**I**mmer **B**ei **M**eetings...).

Zu hohe Kosten zu vieler Meetings

Die **Ursachen** dieses grundlegenden Problems sind hinreichend bekannt: Es finden zu viele, zu lange und zu ineffektive Meetings statt. Im einzelnen stören sich die Teilnehmer vor allem an folgenden Punkten:

"Ein Meeting ist eine Sitzung, in die viele hineingehen und bei der wenig herauskommt."

- mangelnde Vorbereitung
- unklare Zielsetzung
- ungleicher Informationsstand
- zu lange Anlaufzeit
- zu lange Monologe, Weitschweifigkeit
- Abweichungen vom Thema
- Diskussion von Nebensächlichkeiten
- Festhaken an Details
- versteckte Machtkämpfe
- mangelnde Ergebnissicherung

Teilnehmertypen in Meetings

Streiter
Positive
Alleswisser
Redselige
Schüchterne
Ablehnende
Uninteressierte
Großes Tier
Ausfrager

Meetings

M

Wie ?

Erfolgreiches ***KONFERENZ-MANAGEMENT***

Die **LÖSUNG** des Problemes ineffektiver Meetings liegt in einer konsequenten Zielsetzung, Planung, Führung und Kontrolle der gemeinsamen Besprechungszeit:

1. Zielsetzung

Festlegung einer klaren, meßbaren **Zielsetzung.** Handelt es sich um eine Informations-, Problemlösungs- oder Entscheidungskonferenz?

1. Ziel dieser Zusammenkunft?

2. Vorbereitung

Gute Organisation (Technik, Raum) und inhaltliche **Vorbereitung** (Tagesordnungspunkte (TOP), Informationen). Verwenden Sie hierzu einen **Besprechungsplan.**

2. Inhaltliche Vorbereitung aller Beteiligten

3. Zeitrahmen

Zeitrahmen setzen und einhalten. Die optimale Dauer liegt bei max. 90, besser nur 60 Minuten. Bei Mammutkonferenzen mit vielen TOPs legen Sie spätestens dann eine Pause ein.

3. Zeitdauer: Max. 90, besser nur 60 Minuten

4. Selbstdisziplin

Während der gesamten Sitzung bedarf es einer entsprechenden **Selbstdisziplin** des Konferenzleiters und aller Teilnehmer.

4. Selbstdisziplin aller Beteiligten

5. Visualisierungshilfen

Visualisierungshilfen benutzen. Diskussionsbeiträge sollten **für alle sichtbar** gesammelt und aufgeschrieben werden.

5. Flipchart oder Overhead-Projektor

6. Ergebnissicherung

Einigung und Entscheidung zur **Ergebnissicherung: Wer** macht **was** bis **wann**? Ein solcher **Aktivitätenplan** kann sofort fotokopiert und am Ende allen Beteiligten mitgegeben werden.

6. Handschriftlicher Aktivitätenplan als Sofort-Kopie

Was ?

✎ Setzen Sie eine grobe **Struktur** und führen bzw. moderieren Sie eine Sitzung zukünftig nach dem **4-Phasen-Schema**:

4-Phasen-Schema

Phase I:	Problemdefinition und Zielformulierung	*I - Information*
Phase II:	Problemanalyse und Lösungssuche	*II - Kreativität*
Phase III:	Sammlung und Diskussion der Lösungsvorschläge	*III - Bewertung*
Phase IV:	Entschlußfassung und Aktivitätenplan	*IV - Entscheidung*

N

Nein-Sagen

"Formel meines Glücks: ein Ja, ein Nein,
eine gerade Linie, ein Ziel."
(Nietzsche)

Warum ?

"NEIN"-sagen : *Zeit für das Wesentliche gewinnen*

Kaum eine andere Methode verschafft Ihnen annähernd so **viel Zeit** wie der gezielte Gebrauch des Wörtchens "**NEIN**". Den meisten Menschen fällt es jedoch schwer, "**NEIN**" zu sagen. Dies kann verschiedene **Ursachen** und **Gründe** haben:

"JA"-sagen:

• Helfer-Syndrom

- Der **Wunsch**, anderen zu **helfen**, läßt eigene Verpflichtungen in den Hintergrund rücken.

• Verpflichtet fühlen

- **Hilfe** anderer "verpflichtet" zu **Gegenleistungen**: Wer genommen hat, "muß" geben und geben und geben ... .

• Wichtig sein wollen

- Der Drang, unentbehrlich und **wichtig** zu **sein**, verführt dazu, immer neue Aufgaben zu übernehmen.

• Angst zu verletzen

- Die **Angst**, durch "Nein"-Sagen **zu verletzen**, führt zu immer weiteren "Verstrickungen".

Warum NEIN sagen

Zur rechten Zeit, **höflich aber bestimmt "Nein"** gesagt, bedeutet:

• Zeitgewinn

- Sie gewinnen **Zeit** und **Muße** für das Wesentliche - beruflich und privat.

• keine Entschuldigungen

- Andere wissen, woran Sie bei Ihnen sind - Sie müssen **nicht** zu **Entschuldigungen** Zuflucht nehmen, um sich aus Versprechen herauszuwinden.

• Selbstbewußtsein

- Ihr **Selbstbewußtsein** steigt - Sie lassen sich nicht mehr manipulieren.

Jedes "Ja" ein weiterer Strick...

Nein-Sagen

N

Wie ?

7 Regeln – So sagen Sie "NEIN" , ohne sich schuldig zu fühlen:

Regeln für erfolgreiches NEIN-Sagen

1. Vereinbarungen

Gehen Sie nur **Vereinbarungen** ein, die Sie einhalten können! Bitten Sie sich ggf. **Bedenkzeit** aus.

Realistische Vereinbarungen

2. Innere Stimme

Vertrauen Sie auf Ihre **innere Stimme**, Ihr "Bauchgefühl", wenn Sie Gefahr laufen, "JA" zu etwas zu sagen, was gegen Ihre Interessen ist!

Innere Stimme

3. Aktivitäten-Listen

Legen Sie zwei **Aktivitäten-Listen** an:
a) die erste mit Dingen, die Sie gern tun möchten, aber bisher keine Zeit dafür fanden,
b) die zweite mit bereits eingegangenen Vereinbarungen, Ihren Selbst- und Fremdverpflichtungen, inklusive den Erledigungsterminen.
Schauen Sie auf diese Listen, wenn Sie dabei sind, sich auf neue Zusagen einzulassen!

Schriftlichkeit

4. Belohnen

Belohnen Sie sich, wenn Sie "NEIN" gesagt haben, mit Dingen aus der ersten Liste.

Belohnung

5. Alltagssituationen

Üben Sie in **Alltagssituationen** (z.B. in Geschäften), "NEIN" zu sagen, wenn Ihnen jemand etwas anbietet, was Sie nicht möchten!

NEIN-sagen üben

6. Schaden klein halten

Halten Sie den **Schaden klein**: Lassen Sie andere schnell wissen, wenn Sie Vereinbarungen nicht einhalten können!

Wenn Nein: sofort informieren

7. Verpflichtungen

Wenn Sie "JA" gesagt haben: Setzen Sie alles daran, Ihre Aufgaben und **Verpflichtungen vereinbarungsgemäß** zu erledigen!

Vereinbarungen einhalten

Was ?

- Schreiben Sie ab heute alle Vereinbarungen auf, die Sie mit sich und anderen eingehen!
- Gehen Sie nur Vereinbarungen ein, die Sie einhalten werden!
- Sagen Sie heute mindestens einmal situativ "NEIN", um zu üben!

Vereinbarungen
- *aufschreiben*
- *einhalten*

Situatives NEIN üben

Ordnung*): Ablage

"Halte dich an die Ordnung,
so hält die Ordnung dich."
(Augustinus)

Warum ?

Nur 4% der Ablage "aktiv"- daher mehr Ablage "P"!

"Im Zweifel in den **Rundordner** (Papierkorb)!" Diese Aussage wird durch eine Untersuchung der **IBM** untermauert. Danach werden nur **4%** der abgelegten **Dokumente** jemals **wiederverwendet!** Mehr als 11 Milliarden Blatt Papier lagern dort in den Archiven.

Forderungen:
- *schnelles Wiederfinden*

Die für die Bewältigung der äußeren Informationsflut nützliche Aktionsfolge lautet:
Bereits beim **Sammeln** können alle eingehenden Papierstücke einer Wertstufe zugeordnet werden, bevor ein Teil von ihnen bewegt wird.

"Im Schnitt dauert es etwa zehnmal so lange etwas wiederzufinden, wie es abzulegen!"

Sammeln - Ordnen - Suchen - Finden

0 **Nullwert**	1 **Tageswert**	2 **Jahreswert**	3 **Eigenwert**	4 **Fristwert**	5 **Archivwert**
Prospekt Werbebriefe = Papier-Korb	Einladung Mahnung Glückwünsche	Fahrpläne Preislisten Stadtplan	Liebhaberwert (es kommt darauf an)	Steuersachen, Geschäftsbücher, etc.	Dauerwert (z.B. Zeitschriftenartikel)

- *beliebig viele Suchbegriffe*

Schnelles **Finden** ohne langes **Suchen** muß oberstes Motto sein. Ein einfaches **Ablagesystem** schafft hier Abhilfe. Dokumente, einmal abgelegt, müssen unter ihrem Schlagwort oder Ordnungsbegriff schnell wiedergefunden werden.

Bestandteile:
- *Hardware*
- *Software*

Ein sinnvolles **Ordnungssystem** besteht aus:
a) beliebig vielen **Registraturen** - für abgelegte Dokumente und
b) einem **Ablageplan** - um diese Dokumente schnell zu finden.

Registratur-System/ Bereich	Hebelordner 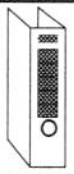	Hängemappe 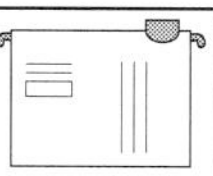	Stehablage 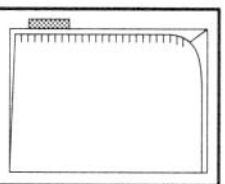
Arbeitsplatz	lose Schriftstücke bearbeiten	lose Schriftstücke bearbeiten	Schriftstücke in Mappen erfassen und bearbeiten
Ablage	in Hebelordner einsortieren	lose Schriftstücke in Hängemappen einsortieren	bleiben in der Mappe

*) Die Verfasser danken den Herren Dr. J. Bruggey, Augsburg, und H. Heyer, MAPPEI Wuppertal, für wertvolle Anregungen über Ordnung und Ablage.

Ordnung: Ablage

O

Wie ?

1. So bringen Sie Ordnung in Ihre Registratur (Hardware)

Ordnung i.d. Registratur

Unterschiedl. Registratur-Systeme verhindern durchgehende Organisation

- Entscheiden Sie sich möglichst für **ein** Grund-**System** in Ihrer **Registratur**: Hebelordner, Pendelmappen, Hängeregistratur (Sammelakten) oder Stehablagen.
- Erfassen Sie Schriftstücke, Vorgänge, Belege etc. schon **während der Bearbeitung** unter ihrem **Ordnungsbegriff** und legen Sie so ab, daß ohne Suchen, Sortieren und Blättern ein **sofortiger Zugriff** zum betreffenden Vorgang oder einzelnen Schriftstück möglich ist.
- Praktizieren Sie eine wirksame **Sofort-Ordnung am Arbeitsplatz** mit möglichst vielen **Einzelmappen** (z.B. MAPPEI-Stehablage).
- Systematisieren Sie Ihre Papierflut konsequent mit einer detaillierten Aktengliederung in **kleinere Informationseinheiten** (Mappe plus Inhalt).

Sofort-Ordnung am Arbeitsplatz

Einzel-Ordnungsmappen

Loseblatt-Ordnung

> Ungeheftetes Schriftgut (**Loseblatt**) ist erheblich **schneller** und **flexibler** als Aktendeckel, Heftstreifen oder Schnellhefter.

> **Neuer Vorgang = neue Mappe** (kleinste Informationseinheiten)

2. So legen Sie Ihren Ablageplan an (Software)

> "Wer Ordnung hält, ist nur zu faul zum Suchen." *(Bürospruch)*

Ein **Ordnungs- oder Ablageplan** dient dazu, gleichartige Schriftstücke nach logischen und praktischen Gesichtspunkten zusammenzuführen:

Sachbezogene Ordnungsstruktur

- Machen Sie eine **Ist-Aufnahme** des vorhandenen Schriftgutes nach **Ordnungsbegriffen.**
- Verdichten Sie zusammengehörende Begriffe zu **Hauptgruppen** (Tätigkeits- und Aufgabenbereiche etc.).
- Zergliedern Sie diese in **Gruppen** und ggf. weiter in **Untergruppen**.
- Ergänzen Sie die Sachgruppen um **Begriffe** und **Schlagworte**, die in absehbarer Zeit neu hinzukommen werden.

• Ist-Aufnahme

• Clusterbildung

• Sachgruppenbildung

• neue Schlagworte

Beispiel (nach LEITZ):
Haushalts-Aktenplan
1 Wohnung/Haus
1-1 Kaufvertrag, Mietvertrag, Hausordnung
1-2 Heizung
1-3 Wasser, Sanitär
1-4 Strom, Gas
1-5 Radio, Fernsehen
1-6 Telefon
1-7 Haushaltsgeräte (Gebrauchsanweisungen, Garantiekarten)
1-8 Möbel und sonstige Einrichtungen
2 Persönliches, Vermögen
3 Schule, Beruf, Weiterbildg.
4 Versicherung, Versorgung
5 Finanzen, Steuern
6 Freizeit, Hobby, Fahrzeuge

Was ?

✎ Ordnen Sie alle neuen Dokumente den **Wertstufen 0-5** zu; geizen Sie mit dem Prädikat "Archiv-Wert"!

Wertstufen 0 - 5

✎ Entwickeln Sie Ihr persönliches **Ordnungssystem**; verwenden Sie dazu die Mind-Map-Methode (➛ Visualisierungstechnik).

Ordnungssystem

P

Prioritäten

"Der Schwache, der seine Kräfte konzentriert, besiegt den Starken, der seine Kraft verzettelt."

Warum ?

Prioritäten: Konzentration der Kräfte auf einen Punkt

Konzentrieren Sie Ihre **Kräfte** und **Energien** auf Ihr lohnenswertes **Ziel**, so wie die Sonnenstrahlen in einem Brennglas ein ganzes Feuer entfachen können. Mit der richtigen **Prioritätensetzung** erreichen Sie ihre Ziele leichter und mit geringerem Aufwand als vorher.

EKS - W. Mewes: Erfolgsspirale

Die **EKS-Lehre** nach W. Mewes weist nach, wie durch **Kräftekonzentration** eine kybernetische **Erfolgs-Spirale** verursacht werden kann:

In dem Maße, wie sich ein **Mensch** oder **Unternehmen** auf das jeweils **brennendste Problem** (s)einer Zielgruppe konzentriert und damit einen größeren **Nutzen** als andere bietet, entstehen **Synergie-Effekte** in Richtung einer positiven **Aufwärts-Spirale** (Abb.).

EKS-Strategie

Die beiden wichtigsten Prinzipien der EKS-Strategie für einen optimalen Energieeinsatz sind

1. Kräfte-Konzentration

1. das Prinzip der **Konzentration der Kräfte** ("Nicht kleckern, sondern klotzen!")

2. Engpaß-Orientierung

2. die Orientierung auf den **kybernetisch wirkungsvollsten Punkt** (Engpaß, Dominanz des Minimumfaktors)

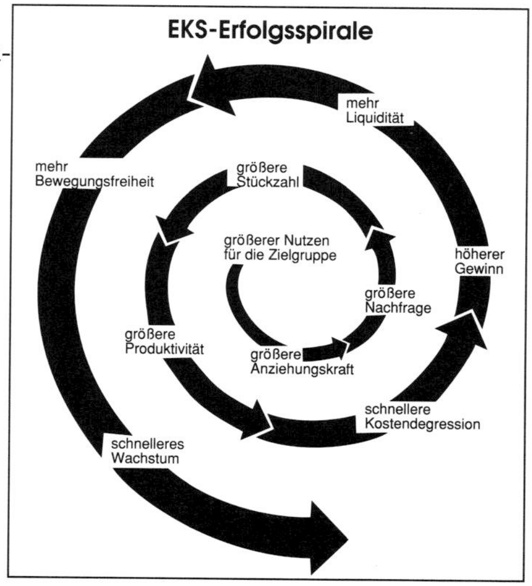

Prioritäten = Konzentration auf den Erfolg

Den **"richtigen" Prioritäten** kommt somit eine entscheidende Bedeutung zu – Sie konzentrieren Ihre Energien auf Ihren Erfolg!

Prioritäten

P

Wie ?

Kriterien für Wichtigkeit

Zwei **Schlüsselfragen** helfen Ihnen, **Prioritäten** bei Ihrer Arbeitstechnik schnell und sicher zu setzen. Fragen Sie sich stets bei der Planung Ihrer nächsten Arbeitsschritte:

- *Zielorientierung*

> **1. Welche Aufgabe bringt mich jetzt meinen langfristigen Zielen einen Schritt näher?**

Damit bleiben Sie Ihren Zielen auf der Spur. Ihr Erfolg wird planbar – vorausgesetzt, Sie haben Ihre Ziele übersichtlich in Einzelaktivitäten aufgeteilt (➵ Wieplan-Technik)!

- *Wertorientierung*

> **2. Bei welcher Aufgabe steht das meiste Geld auf dem Spiel?**

Damit trennen Sie schnell die Spreu vom Weizen und konzentrieren sich auf das für Sie wirklich Wichtige.

Prioritäten-Klassen

Muß
Soll
Kann

Teilen Sie nun Ihre Aufgaben in **drei Kategorien** ein:

> - **Muß** getan werden - **sehr wichtig!**
> - **Soll** getan werden - **wichtig!**
> - **Kann** getan werden - **Routineaufgaben!**

*1. **Muß**-Aufgaben zuerst erledigen!*
*2. Dann **Soll**-Aufgaben erledigen!*
*3. **Kann**-Aufgaben zum Schluß!*

- Numerieren Sie Ihre Aufgaben der Bedeutung nach durch.
- **Beginnen** Sie stets **mit** den **Muß**-Aufgaben (Ziel, Wert!).
- Schließen Sie erst alle Muß-Aufgaben ab, bevor Sie mit den **Soll**-Aufgaben anfangen!
- Erst danach nehmen Sie sich **Kann**-Aufgaben vor.

Mit dieser Vorgehensweise haben Sie das **Wichtigste** schon **zu Beginn** des Tages **erledigt**.

Was ?

Aufgabe Nr. 1 bearbeiten!

✎ Schreiben Sie grundsätzlich auf, was Sie noch erledigen wollen, fangen Sie mit **Aufgabe Nr.1** an und bleiben Sie solange daran sitzen, bis diese Arbeit erledigt ist.

Zielorientierung prüfen!

✎ Stellen Sie sich immer wieder die Frage: "Führt das, was ich **jetzt** tun will, zu meinen **Zielen**?"

Quasselstrippe

"Fasse Dich kurz!" *(Leitsatz an Telefonzellen)*	"Das Telefon ist eines der effektivsten Mittel zum Zeitsparen, aber auch einer der häufigsten Zeitfresser überhaupt" *(Telefon-Paradoxon)*

Warum ?

Schlechte Telefon-Gewohnheiten

*Quasselstrippen-Quotient**

*Quotient ist hier nicht "statistisch", sondern als Wort-Schöpfung gemeint.

Telefonieren ist zu einer lieben Gewohnheit geworden: X-mal greifen Sie täglich zum Hörer, führen Gespräche und wickeln Ihre Geschäfte ab. Nicht immer ist es jedoch mit dieser Gewohnheit zum besten bestellt – viel **Zeit** und **Geld** wird hier verschwendet.

Beherrschen Sie die Kunst des Telefonierens?	fast immer	öfter	nie
(1) Haben Sie für jeden Anruf ein klares **Ziel vor Augen**?			
(2) Sind Sie mit der **Sachlage** vertraut?			
(3) Liegen notwendige **Unterlagen**, Papier und Bleistift griffbereit, wenn Sie jemanden anrufen?			
(4) Haben Sie **Telefon-Zeiten** fixiert, in denen Sie blockweise telefonieren und wissen andere, zu welchenZeiten Sie erreichbar sind?			
(5) Haben Sie **Argumente** für mögl. Einwände vorbereitet?			
(6) Notieren Sie **Aktivitäten** und vereinbarte Rückrufe sofort?			
(7) Informieren Sie andere bei **Gesprächsweitergabe**, wer am Apparat ist und was gewünscht wird?			
(8) Werden in Ihrer **Abwesenheit** Name, Telefon-Nummer und Grund der Anrufer korrekt notiert?			
(9) Legen Sie bei **Rückrufen** Prioritäten fest?			
(10) Haben Sie festgelegt, welche Telefonate zu Ihnen **durchgestellt** und welche von anderen beantwortet werden sollen?			
Gesamtwert			

Auswertung:
1. Zählen Sie alle Kreuze in der "fast immer-", "öfter-" und "fast nie-" Spalte zusammen.
2. Multiplizieren Sie den Wert bei: "fast immer" mit 1, "öfter" mit 2, "fast nie" mit 3.
3. Addieren Sie die Ergebnisse zu Ihrem Gesamtwert: "Q.Q." (Quasselstrippen-Quotient)

Bei einem Wert von:
10-15 ...... haben Sie im allgemeinen **keine** Telefon-Probleme,
16-22 ...... haben Sie **durchschnittliche** Telefon-Probleme,
23-30 ...... haben Sie vermutlich **ernsthafte** Telefon-Probleme.

Quasselstrippe

Q

Wie ?

1. Bereiten Sie Ihre Telefonate zielgerichtet vor:

- Machen Sie sich den **Grund** Ihres Gesprächs klar: Welches **Ziel** wollen Sie konkret erreichen?
- Informieren Sie sich über **Sachlage** und Gesprächspartner: Welche wichtigen **Daten** fehlen Ihnen noch?
- Halten Sie wichtige **Unterlagen** bereit: Suchen während des Gesprächs kostet Nerven und Geld!
- Bereiten Sie sich auf **Einwände** vor: Noch können Sie in Ruhe überlegen, wie Sie sie entkräften!

Telefonate vorbereiten:

- *Ziel bestimmen*
- *Vorinformation überprüfen*
- *Unterlagen bereithalten*
- *Einwandmöglichkeiten abschätzen*

2. Führen Sie Ihre Telefonate effizient und zügig durch:

- **Straffen** Sie die **Kontaktphase**! Die Eröffnung eines Telefongesprächs bestimmt auch seinen Verlauf und das Ende.
- Sagen Sie zu **Beginn, worum es geht**, was Sie wollen und welche **Punkte** Sie ansprechen möchten: Ihr Gespräch verkürzt sich!
- Verfolgen Sie inbes. bei Ferngesprächen die **Dauer = Kosten** Ihres Anrufes (Telefon-Display mit elektronischem Gebührenzähler).
- **Fassen Sie sich kurz**: Schließen Sie das Gespräch ab, sobald das Gesprächsziel erreicht ist!

Telefonate führen:

- *Kurze Kontakt-Phase*
- *Anlaß nennen*
- *Dauer = Kosten kontrollieren*
- *Gespräch beenden*

3. Sorgen Sie für eine laufende, unverzügliche Gesprächsauswertung.

- Notieren Sie sofort **Daten**, **Aufgaben** und **Termine**, die sich aus dem Telefonat ergeben; noch sind die Informationen frisch!
- Fassen Sie bei längeren Gesprächen das Ergebnis und evtl. Maßnahmen (wer macht was bis wann?) am Ende kurz zusammen.

Telefonate auswerten:

- *Wichtiges sofort notieren*
- *Kurze Zusammenfassung*

Was ?

✎ **Bereiten** Sie jetzt Ihren nächsten **Anruf vor**!

✎ **Fassen** Sie sich beim nächsten Gespräch bewußt **kurz**!

Gut vorbereiten

Kurz fassen

R

Regel-Leistungskurve

"Seit ich meine Leistungskurve kenne,
arbeite ich um ein Vielfaches effektiver!"
(T.M.Pfefferkorn)

Warum ?

Arbeit nach der Leistungskurve

1.Beantworten Sie bitte jede Frage.
2.Notieren Sie den Punktwert jeder Frage.
3.Addieren Sie die Punktwerte zur Gesamtpunktzahl.

***Auswertung**:*
**** bis 50 Pkte.**: Sie sind ein "Abend-Mensch"*
**** 50-60 Pkte.**: Sie sind ein "Morgen-Mensch", müssen aber die Leistungskurve um 1 Stunde nach rechts versetzen.*
**** 60+mehr Pkte.**: Sie sind ein "Morgen-Mensch".*

(Quelle: Dogs, Wilfried: Der gesteuerte Schlaf. Duisburg: Walter Braun 1977, S. 45-46)

Sind Sie ein **"Morgen-"** oder **"Abend-Mensch"**? Testen Sie sich!

1. Wann werden Sie abends müde?
Vor 21.00 Uhr ......4 Punkte
21.00-23.00 Uhr ...2 Punkte
nach 23.00 Uhr ....0 Punkte

2. Ist die Müdigkeit
zwingend .... 1 Punkt
überwindbar ....3 Punkte

3. Kommt danach eine wache Phase?
ja .... 1 Punkt
nein ....3 Punkte

4. Werden Sie nachts häufig wach?
ja ....3 Punkte
nein ....2 Punkte

5. Haben Sie Träume und blei-ben diese in Erinnerung?
ja ....4 Punkte
nein: .... 1 Punkt

6. Schlafen Sie spät ein?
ja ....2 Punkte
nein ....6 Punkte

7. Wann wachen Sie auf, wenn Sie nicht geweckt werden?
vor 6 Uhr ....6 Punkte
6.00-8.00 Uhr ....3 Punkte
nach 8.00 Uhr .....0 Punkte

8. Wie würden Sie Ihren Schlaf-rhythmus gestalten, wenn Sie keine beruflichen oder sonsti-gen Verpflichtungen hätten?
a) Aufstehen
5.00-7.00 Uhr ....8 Punkte
7.00-8.00 Uhr ....5 Punkte
8.00-9.00 Uhr ....2 Punkte
nach 9.00 Uhr .....0 Punkte
b) Mittagsschlaf
ja .... 1 Punkt
nein ....4 Punkte
c) Nachmittags Kaffeetrinken
ja ....4 Punkte
nein ....2 Punkte
d) abends ausgehen/Gäste haben: .... 1 Punkt
Fernsehen: ....3 Pkte
Ruhen - früh schlafen: ....6 Pkte

09. Sind Sie frisch, wenn Sie geweckt werden?
ja: ....6 Pkte
nein: ....2 Pkte

10. Sind Sie frisch, wenn Sie normal wach werden?
ja: ....4 Pkte
nein: .... 1 Punkt

11. Wie ist das Befinden beim Frühstück?
(Punkte von a-d addieren!)
.... wenig gut ..... sehr gut
a) Appetit: ..... 1 .... 2 .... 3 Pkt.
b) Frische: ...... 1 .... 2 .... 3 Pkt.
c) Gesprächs-freudigkeit: 1 .... 2 .... 3 Pkt.
d) Konzentr.: .. 1 .... 2 .... 3 Pkt.

12. Wann können Sie vormittags eine Ermüdung registrieren?
08.00-09.00 Uhr .... 1 Punkt
09.00-10.00 Uhr .... 4 Pkte
10.00-11.00 Uhr .... 3 Pkte
11.00-12.00 Uhr..... 1 Punkt

13. Wie ist Ihr Befinden nach dem Mittagessen?
eher müde: ....4 Pkte
eher frisch: .... 1 Punkt

14. Wann können Sie nachmit-tags eine Ermüdung registrieren?
14.00-15.00 Uhr: ...4 Pkte
15.00-16.00 Uhr: ...3 Pkte
16.00-17.00 Uhr: ... 1 Punkt

Gesamtpunktzahl

Regel-Leistungskurve

R

Wie ?

Wenn Sie ein "Morgen-Mensch" sind - dann sollten Sie:

- **früh** mit Ihrer Arbeit **anfangen** (möglichst **vor** Eintreffen der Mitarbeiter und bevor die Telefone klingeln)
- als **erstes** die **wichtigste Aufgabe** erledigen (was Sie jetzt nicht schaffen, bleibt den ganzen Tag liegen)
- **Routine-Aufgaben nachmittags** erledigen.

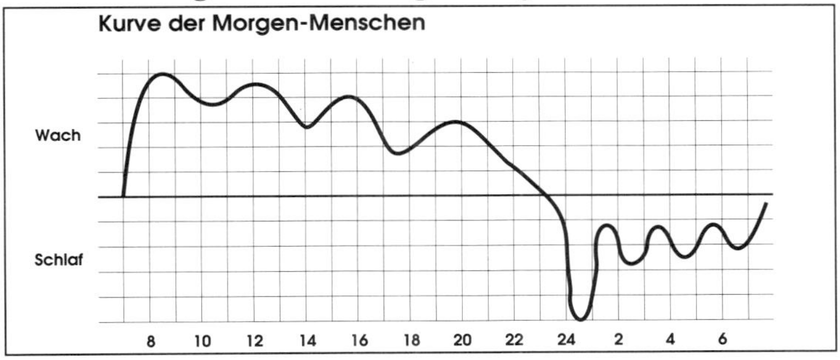

"Morgen-Mensch":
- *früh anfangen*
- *Wichtigstes zuerst erledigen*
- *Routine nachmittags*

Wenn Sie ein "Abend-Mensch" sind - dann sollten Sie:

- wichtige Aufgaben im **Leistungshoch** am **Nachmittag** erledigen,
- auf eine **Balance** zwischen **Beruf und Feierabend** achten: als "Nachtarbeiter" leiden sonst Freizeit und Familie.

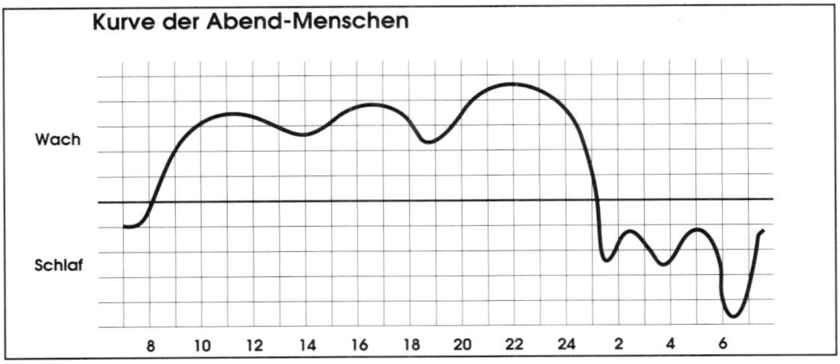

"Abend-Mensch"
- *Wichtigstes am späten Nachmittag*
- *Routine-Aufgaben als " Starter"*

Was ?

✎ Stellen Sie fest, wann Ihr **Leistungshoch** Sie zu **Hoch-Leistungen** befähigt!

✎ Schützen Sie sich in diesen Zeiten vor Störungen und erledigen Sie das **Wichtigste**!

Hoch-Leistungen

Keine Störungen

S Schreibtisch-Management

"Der Schreibtisch ist der Ort,
wo sich die Welt entscheidet."
(G. Eich)

Warum ?

Problem: Überhäufter Schreibtisch

Die Fähigkeiten des Menschen als Jäger und Sammler lassen sich an der Anzahl und Un-Ordnung überhäufter Schreibtische festmachen, die viele als Zeitfresser und Störfaktor empfinden.

Ursache: scheinbarer Überblick

Aus Angst, das Wesentliche zu vergessen, werden die Vorgänge auf dem Tisch gestapelt (= **Volltischler**); auf diese Weise ("aus dem Auge - aus dem Sinn") kann nichts verloren gehen.

Wirkung: Konzentrationsmängel

"Verzetteln"

Chaos und Streß

Jedes Blatt Papier, Poststück, Management-Wissen-Magazin etc. auf dem Arbeitsplatz bindet Aufmerksamkeitseinheiten Ihres Gehirns und damit Teile Ihrer Arbeitsenergie. Motivation und Konzentrationsfähigkeit werden auf diese Weise blockiert. Sie "verzetteln" sich im wahrsten Sinne des Wortes. Wichtige Aufgaben aus irgendeinem Papierstapel werden oft nur hektisch und meist in letzter Minute erledigt.

*) Die Verfasser danken Herrn Dr. G. Wilhelm, Heidelberg, für wertvolle Anregungen zur Reorganisation des Arbeitsplatzes

Schreibtisch-Management

S

Wie ?

Erfolgreiches Schreibtisch-Management fordert statt einer total überladenen Arbeitsplatte nur die Unterlagen eines Vorgangs auf den Tisch, an dem gerade aktiv gearbeitet wird (= **Leertischler**).

Lösung: Vom Volltischler zum Leertischler

Als **Sofort-Maßnahme** hilft nur eine durchgängige Reorganisation aller unerledigten Papiere, Projekte und Prospekte nach dem **3-Stufen-Prinzip**.
Stellen Sie dazu bei jedem Schriftstück die **Aktionsfrage**:

Reorganisation nach dem 3-Stufen-Prinzip

WANN werde ich diesen Vorgang abschließend erledigen?

Aktionsfrage: Bis wann erledigt?

1. Sofort tun

Alles, was weniger als 5 Min. dauert, erledigen Sie **sofort**! Für alles andere legen Sie konkret fest, **Wann** Sie es endlich tun werden (Termin!):

in den nächsten Stunden: ***Sofort tun***

2. Tagesplan

Alles, was Sie in den nächsten Tagen erledigen wollen, notieren Sie im betreffenden **Tagesplan**.

in den nächsten ***Tagesplan*** *Priorität A, B, C*

3. Aktivitäten-Checkliste

Alles, was Sie in den nächsten Wochen erledigen wollen, schreiben Sie in Ihre monatliche Prioritätenliste (Monatsplan, **Aktivitäten-Checkliste**).

in den nächsten Wochen: ***Aktivitäten-Checkliste***

Daneben können Sie z.B. auf einem Sideboard einen Stapel für Papiere einrichten, die Sie gelegentlich einmal in Ruhe **lesen** wollen. Alles andere sollte in den **Papierkorb** – den besten Freund des Büromenschen. Geben Sie sich einen Ruck – es kann mehr weg als Sie meinen!

Lese-Stapel

Was ?

- Reservieren Sie einen freien Nachmittag oder Samstag zum Aufräumen – evtl. mit einem Büro- oder Lebenspartner.
- Arbeiten Sie **alle** Dinge nach dem angegebenen Schema auf, die auf, im und um den Schreibtisch herum liegen.

• Fester Termin für Reorganisation
• Ergebnis: leerer Schreibtisch

Tagesplanung

> "Der Tag ist wie ein Billardspiel.
> Der beste Spieler kann nicht vorhersehen,
> wie die Kugeln auseinanderfahren."

Warum ?

Verlauf eines typischen Arbeitstages

Es ist fast jeden Tag das gleiche Problem:
Sie haben sich morgens zu Beginn des Arbeitstages eine ganze Menge, vielleicht sogar in Form einer konkreten Aktivitätenliste, vorgenommen. Doch dann kommt schon die erste Post und bald darauf sind Sie mit zahlreichen Problemen, sei es persönlich, telefonisch oder schriftlich konfrontiert, die es zu bearbeiten gilt.
So geht es den ganzen Tag weiter. Abends sind Sie ziemlich "geschafft" mit dem Gefühl, wenig geschafft zu haben.

Tagesgeschäft versus Schwerpunktaufgaben

So verlaufen **viele typische Arbeitstage**. Sie könnnen noch so gut **geplant** haben - nach einigen erfolglosen Versuchen, die **Tagesereignisse** wieder in den Griff zu bekommen, fallen Sie früher oder später in die alte Situation von **Hektik** und **Arbeitsüberlastung** zurück.

Durch Tagesplanung Strukturen schaffen

Das muß nicht so sein. Erfahrungsgemäß lassen sich verschiedene Unterbrechungen und Ablenkungen nie vollkommen ausschalten, bestimmte Arten von Störungen jedoch vorhersehen und einplanen.

Bessere Tagesplanung – mehr Erfolg

Sie können eine ganze Reihe von (Un-)Tätigkeiten und Leerläufen vermeiden, indem Sie die anfallenden Tagesaufgaben in eine bestimmte Reihenfolge bringen und Ihre Arbeit anders organisieren.

Tagesplanung als Grundvoraussetzung persönlicher Arbeitstechnik

Wer das **Tagesgeschäft** und seine **permanenten Aufgaben** nicht **im Griff** hat, findet i.d.R. auch keinen Einstieg in langfristige und strategische Ziele. Die **Tagesplanung** ist die **Basis** aller Wochen-, Monats-, Jahres- oder **Lebenspläne**!

Tagesplanung

T

Wie ?

1. So nutzen Sie die Erfahrungsregeln für eine erfolgreiche Tagesplanung:

1. Regeln zur Tagesplanung

- **Planen Sie schriftlich!** Schreiben Sie abends auf, was Sie am nächsten Tag erledigen wollen! Damit schließen Sie den zurückliegenden Tag ab. Ihr Kopf wird frei, und Sie können Ihren Feierabend genießen!

Schriftlich planen Feierabend genießen

- **Bleiben Sie Realist!** Überschlagen Sie, wie lange Sie geplante Aufgaben und bereits fest vergebene Zeiten morgen in Anspruch nehmen werden. Füllen Aktivitäten und feste Termine schon jetzt mehr als 50% Ihrer Arbeitszeit, haben Sie zu "eng" geplant. Ihr Plan läuft Gefahr, durch Unvorhergesehenes null und nichtig gemacht zu werden!

Keine "Über"-Planung: max. 50%!

- **Setzen Sie Prioritäten!** Numerieren Sie Ihre Aufgaben der Bedeutung nach. Das **Wichtigste** steht damit an **erster Stelle**. Aufgaben, die im Krisenfalle gestrichen werden können, haben Sie an letzter Stelle gesetzt!

Prioritäten setzen – Wichtiges zuerst erledigen

2. So setzen Sie die Tagesplanung in die Praxis um:

2. Tagesplanung in der Praxis

- **"Nr.1"-Aufgabe anfangen und abschließen!** Jeder Tag beginnt so mit einem Erfolgserlebnis - das Wichtigste haben Sie bereits in der Frühe erledigt! Dann:
- **Überprüfen Sie Ihre Prioritäten!** Sie bleiben damit flexibel – Rangordnungen können sich durch Unvorhergesehenes verschieben – das Nächstwichtige wird dennoch von Ihnen erledigt! Jetzt:
- **"Nr.2"-Aufgabe anfangen und abschließen, dann "Nr. 3" etc. !** Setzen Sie so Schritt für Schritt Ihren Tagesplan in die Praxis um!

Anfangen und Abschließen Prioriäten überprüfen und konsequent einhalten

Das "ABC" der Tagesplanung:	✎ **(A)bends planen -** ✎ **(B)rioritäten setzen -** ✎ **(C)hriftlich fixieren!**

Was ?

✎ Nehmen Sie sich jetzt Zeit und **planen** Sie den **nächsten Tag**! Was wird die **"Nr.1"-Aufgabe** sein?

✎ Wie können Sie sich morgen **vor Störungen schützen**, wenn Sie Ihre "Nr.1"-Aufgabe bearbeiten?

Nr. 1-Aufgabe für morgen planen Störungen für diese Zeit vermeiden

U

Unterbrechungen

"Man muß die Dinge so nehmen wie sie kommen. Aber man sollte dafür sorgen, daß sie so kommen, wie man sie zu nehmen wünscht." *(Kurt Götz)*

Warum ?

"Störungen haben Vorrang."

Wenn es nicht immer läuft, wie wir es erwarten oder planen, so oft deshalb, weil zwischendurch immer wieder Störungen auftreten. Seine **Unterbrechungen** in den Griff bekommen heißt, seine Tagesarbeit besser, das heißt effizienter und erfolgreicher erledigen können.

Störhäufigkeit: 6 - 8 Minuten

Im Durchschnitt werden Führungskräfte **alle 6 bis 8 Minuten** irgendwie unterbrochen – sofern sie nichts dagegen unternehmen.

Unterbrechungen kontrollieren:
- *Aufgabenerledigung*
- *Zeitgewinn*
- *Geldvorteil*
- *Streßabbau*
- *Aktion*

Unter"**nehmen**" oder unter"**lassen**" – das ist hier die Frage!

Wenn Sie **Unterbrechungen** unter **Kontrolle** halten
- können Sie **Aufgaben** zuende führen
- gewinnen Sie **Zeit** für das Wesentliche
- sparen Sie **Geld** (Was kosten Sie zwei "Stör"-Stunden?)
- werden Sie ruhiger - reduzieren Sie **Streß**
- praktizieren Sie echtes **Management**: Agieren statt re-agieren

"Wenn du dich durch jeden Hund anbellen läßt, der dir auf deinem Weg begegnet, wirst du nie ans Ziel kommen." *(Arabisches Sprichwort)*

Tagesblatt (Unterbrechungen)

Nr.	Störung von bis	Dauer in Minuten	Telefonat oder Besuch	Wer	Bemerkungen wie Gründe für Störungen

Unterbrechungen

U

Wie ?

1. Tages-Störblatt (Unterbrechungen)

- Erfassen Sie eine Woche lang **Unterbrechungen** Ihrer Arbeit nach **Art, Dauer** (Häufigkeit) und Grund.
- Analysieren Sie die **Gründe** und erstellen Sie einen **Maßnahmenplan**, der Abhilfe schafft!

1. Tages-Störblatt
- *Unterbrechungen*
- *Gründe*
- *Maßnahmenplan*

2. Stille Stunde als Sperrzeit

- Führen Sie die "**Stille Stunde**" ein - eine Zeit, in der Sie **für niemanden erreichbar** sind (Ausnahme: Notfall)!
- **Schirmen** Sie sich sich konsequent in dieser Zeit ab!
- Eingehende **Telefonate** erledigen Sie später nach der **Rückruf**-Methode.
- Fragen von **Mitarbeitern** beantworten Sie zu festen **Rücksprache**-Terminen.
- Tragen Sie die "**Stille Stunde**" als **Termin** mit sich selbst in Ihren **Tagesplan** ein; informieren Sie auch Ihre **Sekretärin**.

2. Stille Stunde
- *störfreie Zeit nicht erreichbar*
- *abschirmen*
- *Telefonate: Rückruf*
- *Mitarbeiter: Rücksprache*
- *Termin mit sich selbst: Tagesplan Info - Sekretärin*

3. Nein" sagen - ohne zu beleidigen:

- Kurz anhören ("Dies ist ein wichtiges Problem, nur...")
- "Nein"-sagen ("Habe **jetzt** leider keine Zeit für...")
- Kurzbegründung geben ("Wenn ich mich jetzt darum kümmere, dann...")
- ggf. Alternativen (Termine, Mitarbeiter) nennen

3. Nein sagen
- *Kurz anhören*
- *Nein sagen*
- *Kurzbegründung*
- *Alternativen*

Was ?

✎ Fragen Sie sich heute, bevor Sie sich wieder **unterbrechen** lassen:
- Muß ich **jetzt** unbedingt darauf reagieren?
- Kann es nicht jemand **anders** erledigen?
- Wie kann ich **zukünftig** diese Störung vermeiden?

✎ Tragen Sie für heute fest eine "**Stille Stunde**" in Ihren **Tagesplan** ein!

Unterbrechungen – Nein danke!
- *Warum jetzt?*
- *Warum ich?*
- *Wie vermeiden?*

Tagesplan – Termin

V Visualisierungstechnik

"Ein Bild sagt mehr als tausend Worte."
(Alte chinesische (!) Weisheit
sowie heutige Präsentationserfahrung)

Warum ?

Mind-Map-Methode: Nutzbarmachung visueller Denk- und Arbeitsabläufe über die rechte Hirnhälfte

Unter den **visuellen** Lern-, Denk- und **Arbeitstechniken** hat die **Mind-Map**-Methode in der letzten Zeit einen gewaltigen Aufschwung erlebt. **Mind Mapping** (deutsch: "Gehirnkarten") basiert auf den Erkenntnissen moderner Hirnforschung und hilft Ihnen, das Potential Ihrer rechten Hirnhälfte gezielt zu nutzen.

Mind Mapping:

• Visualisierung von Informationen

• Problem-Analyse - Planungu.Organisation

Mind Mapping ist ein Brainstorming mit sich selbst, das auch für andere sichtbar gemacht werden kann. Mit dieser ebenso erfolgreichen wie zeitsparenden **Visualisierungsmethode** werden Sie

• Informationen rasch darstellen bzw. erfassen,
• Situationen und Probleme schnell analysieren und
• Aufgaben zügig planen und besser organisieren können.

Beispiele für Anwendungsmöglichkeiten des Mind Mapping

Mind Mapping kann z.B. eingesetzt werden beim:

• Vorbereiten von Gesprächen und Besprechungen
• Entwerfen von Präsentationen oder Vorträgen
• Protokollieren von Sitzungen und Referaten
• Auswerten von Fach-Literatur und Informationen
• ➛ "Wieplanen" von Zielen und Projekten (Messen, Hausbau)

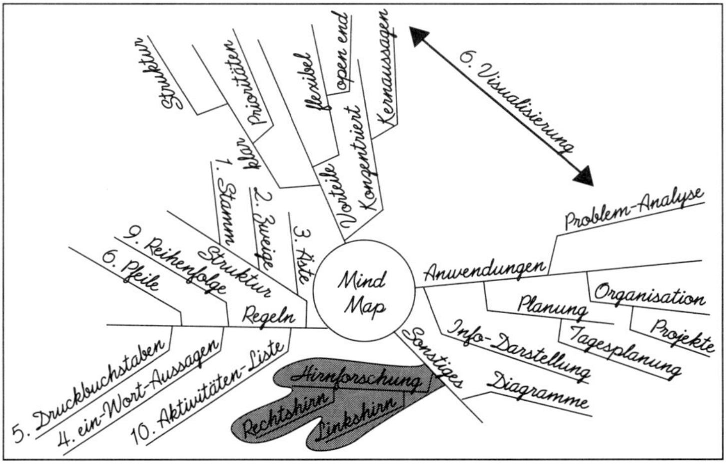

Visualisierungstechnik

V

Wie ?

So arbeiten Sie effektiv mit "Mind Mapping" (10 Regeln)

Erstell.v. Mind Maps

1. Thema
Setzen Sie das zentrale Thema wie einen Baumstamm als Kreis oder Ellipse in die Mitte des Blattes.

1. Hauptgedanke im Zentrum

2. Hauptgedanken
Vom zentral. Thema lassen Sie die Hauptgedanken wie Äste abgehen.

2. Grobgliederung: Hauptäste

3. Zweige
Halten Sie weitere Gedanken als Zweige fest. Natürlich können Sie diese auch mit Zweiglein beliebig weiter untergliedern!

3. Feingliederung: Zweige + Zweiglein

4. Kernaussagen
Arbeiten Sie nur mit "Ein-Wort-Kernaussagen" statt mit ganzen Sätzen. Schreiben Sie diese Wörter auf Äste und Zweige oder in den Kreis.

4. Ein Wort pro Zeile

5. Druckschrift
Verwenden Sie Druck- statt Schreibschrift. Ihr Wortbild wird damit noch lesefreundlicher.

5. Druckschrift

6. Pfeile
Benutzen Sie Pfeile, um Verbindungen aufzuzeigen und Farben, um Wichtiges hervorzuheben.

6. Pfeile + Farben

7. Handschuh
Sind Gedanken zu streichen, weil an dieser Stelle unpassend oder weil bereits umgesetzt - versehen Sie diese mit einem Handschuh (ein schraffiertes Feld, das den ganzen Gedanken umhüllt).

7. Streichungen per Handschuh

8.Ideen
Ideen, die nicht sofort zuzuordnen sind, halten Sie am Blattrand fest oder notieren sie am Zweig "Sonstiges".

8. (noch) ohne Zuordnung

9. Numerieren
Numerieren Sie Gedanken anhand der Äste, wenn eine Reihenfolge notwendig wird.

9. Reihenfolge: Äste numerieren

10. Aktivitäten-Checkliste
Falls erforderlich, übertragen Sie anschließend die Mind Map auf eine Aktivitäten-Liste zur weiteren Bearbeitung.

10. Aktivitäten-liste

Was ?

- Setzen Sie heute Mind Mapping für Ihr nächst. **Projekt** aktiv ein! — Projekt-Planung
- Setzen Sie Mind Mapping für Ihren nächsten **Einkauf** ein (Hauptäste für Geschäfte oder Abteilungen). — Einkaufsliste

W

Wieplan-Technik

"Es soll nicht genügen, daß man Schritte tue, die einst zum Ziele führen, sondern jeder Schritt soll Ziel sein und als Schritt gelten." *(Goethe)*

Warum ?

Ohne methodische Umsetzung keine Zielerreichung

Wer seine Ziele nicht systematisch plant, kann sie auch nicht erreichen. Ohne **methodische Erfolgsverursachung**, so wußte schon **Gustav Großmann** in den 20er Jahren zu berichten, läuft nichts - oder nur zufällig. Mit einem **Wieplan** erarbeiten Sie alle Mittel und Maßnahmen, die Sie dem gesteckten Ziel (Zielsetzungstechnik) näherbringen. Andere Begriffe für diese systematische Vorgehensweise sind "Projektplan", "D-Plan" (Durchführungs- oder Dynamischer Plan, J. Hirt), "Aktionsplan", "Work Plan" etc.

Wieplanung = Beschreibung des Weges zum Ziel

Wieplan - Vorteile: "Der Wieplan ist ein Talisman gegen Mißerfolge und Schwierigkeiten." (G. Großmann)

Die **Vorteile** der **Wieplan-Technik** sind:
- Feststellung der **Durchführbarkeit** eines Zieles
- **Konzentration** auf realisierbare Aufgaben und Ziele
- **Vermeidung** von **Fehlleistungen** und Mißerfolgen
- **Übersicht** über den inhaltlichen und zeitlichen Aufgabenumfang
- **Detaillierte Planung** einzelner konkreter Schritte

Großmann-Methode

Das systematische Vorbereiten des persönlichen Erfolges war der Grundgedanke, aus dem dann die **Großmann-Methode** erwuchs.

"Auch wenn du tausend Meilen reist, mußt du mit dem ersten Schritt beginnen." *(Chinesische Weisheit)*

Wieplan-Technik

W

Wie ?

Wieplanung: Ziele aufteilen

"Wenn wir ein Ziel erreichen wollen, müssen wir seine wirklichen Ursachen finden und sein Erreichen verursachen." Dazu gehört laut Großmann, sich ein klares Bild über die Vorgehensweise zu verschaffen, **wie** das Ziel erreicht werden soll.

Wieplan-Technik

1. Zielerreichung

1. "Zielfotographie mit Worten" (M. Helfrecht)

Stellen Sie sich konkret vor, Sie hätten Ihr Ziel **bereits erreicht.**

2. Hauptfaktoren

2. Hauptfaktoren zur Zielerreichung

Stellen Sie alle Faktoren zusammen, die Sie zur Zielerreichung benötigt haben (geistige Rückschau), z.B. A, B, C, D etc.

"Bitte einen Wieplan!"

3. Mittel und Maßnahmen

3. Mittel und Maßnahmen festlegen

Listen Sie alle dazu erforderlichen **Mittel und Maßnahmen** (ggf. auf einem separaten Blatt) auf: A I, A II, A III, A I 1, A I 2, A I 1 a), A I 1 b) etc.

4. Zeitpunkte

4. Zeittabelle mit Prioritäten anlegen

Legen Sie für alle Unterpunkte und Teilaktivitäten die **Zeitpunkte** (evtl. mit Prioritäten) fest, wann diese angegangen werden sollen.

5. Aktivitäten-Checkliste

5. Monatl. Inventur im Zeitplanbuch

Übernehmen Sie jeden Monat die aktuellen Teilaufgaben in Ihre **Aktivitäten-Checkliste** bzw. **Tagespläne** (ZPB).

Zeitplanbuch als zentrales Arbeitsmittel

Oft können bereits 50% der Aktivitäten sofort erledigt oder veranlaßt (➸ Delegationstechnik) werden; der Rest muß systematisch von Monat zu Monat abgearbeitet werden. Das ➸ Hilfsmittel "**Zeitplanbuch**" (ZPB) ist dabei quasi das "Telefon zum Kommunizieren mit dem WIE-Plan" (Großmann).

Was ?

Nächstes Projekt

✎ Planen Sie Ihr **nächstes größeres Vorhaben** (Ziel, Projekt, Werbeaktion o.ä.) nach der Wieplan-Technik!

Zergliederung mit Mind Mapping

✎ Benutzen Sie für die Zerlegung der einzelnen Punkte die **Mind-Map-Methode** (➸ Visualisierungstechnik).

XY-Ungelöst

"Eine Lösung hatte ich,
aber die paßte nicht zum Problem."
(Beraterdilemma)

Warum ?

Problem- und Entscheidungsanalyse

In der täglichen Arbeitspraxis hat man in der Regel eine Vielzahl **ungelöster Probleme** zu bewältigen. Menschen handeln oft in unerwarteter Weise zu unerwarteten Zeiten. Je nach Persönlichkeit neigen sie zu schnellen, übereilten Handlungen und Entschlüssen. Die Probleme kommen in den wenigsten Fällen klar definiert auf den Tisch. Trotzdem müssen sie gelöst und Entscheidungen getroffen werden.

- Keine Einheitsmethode
- Systematische Vorgehensweise
- Informationsverarbeitung
- Problemlösung

Es gibt jedoch keine Einheitsmethode für derartige Situationen. Kreativität und Flexibilität sind gefragt. Im weitesten Sinne sind Problemlösungs- und Entscheidungsprozesse Vorgänge der Informationsverarbeitung. Bei der Bearbeitung dieser Aufgaben können daher Methoden helfen, die zu einer **systematische Vorgehensweise** beim Erkennen, Überprüfen und Verarbeiten der verfügbaren Informationen anleiten. Die erfolgreiche Lösung Ihrer Probleme wird durch diese **Denkprozesse** klarer und objektiver gestaltet.

"Es ist besser, ein Problem zu erörtern, ohne es zu entscheiden, als es zu entscheiden, ohne es erörtert zu haben."
(J. Joubert)

XY-Ungelöst

Wie ?

Problem- und Entscheidungsanalyse nach Kepner-Tregoe

Die bereits in den 50er Jahren entwickelte Kepner-Tregoe-Methode hilft, Probleme in vier Grundschritten systematisch anzugehen; die einzelnen Schritte werden durch weitere Spezialtechniken unterstützt.

1.Situations-Analyse.

Situations-Analyse

Erkennen der Priorität und Anwendung der richtigen Analyse für eine bestimmte Situation.

- Lage eindeutig klären (Aktion notwendig?)
- Aufgaben - wo erforderlich - in Unterthemen zergliedern
- Prioritäten festlegen (Wichtigkeit, Dringlichkeit, Tendenz)
- Weitere Vorgehenssystematik festlegen

2. Problem-Analyse.

Problem-Analyse

Ermittl. der wahrscheinlichsten Ursache für die Soll-Ist-Abweichung

Ermittlung der Problem-Ursachen.

- Problem definieren (Abweichung eines tatsächlichen IST vom erwarteten SOLL).
- Problem beschreiben (Was/Wo/Wann/Wieviel ist bzw. ist nicht)?
- Mögliche Ursachen entwickeln (Hypothesen aufstellen)
- Hypothesen auf ihre Wahrscheinlichkeiten überprüfen und Beweis führen (Versuch)

3. Entscheidungs-Analyse.

Entscheidungs-Analyse

Auswahl der besten Alternative

Fällen einer sicheren Entscheidung.

- Einzelzielsetz. festlegen und gewichten (Muß-, Kann-Kriterien)
- Alternativen mit Konsequenzen entwickeln und beurteilen
- Bevorzugte Alternativen den Zielsetzungen gegenüberstellen (Nutzwertanalyse)
- Störende, nachteilige Auswirkungen ermitteln und bewerten (Risikobewertung)
- Risikominderung und endgültige Entscheidung treffen

4. Ermittlung potentiell auftretender Probleme.

Analyse potentieller Probleme

Absicherung einer Plan-Durchführung vor möglichen Störfaktoren

Das Absichern der Durchführung einer getroffenen Entscheidung.

- Planschritte für kritische Bereiche erkennen und festlegen
- Kritische Bereiche auf potentielle Probleme untersuchen
- Potentielle Probleme bewerten (Mögl. Störfaktoren und Ursachen)
- Präventiv- und Eventual-Maßnahmen festlegen
- Informations- und Kontrollsyst. für Eventualaktivitäten installieren

Was ?

Kepner-Tregoe
- Problemlösung
- Entscheidungstechnik

Verwenden Sie die **Kepner-Tregoe-Methode**

✎ bei der nächsten komplexen Problemsituation

✎ hier ganz besonders zum Auffinden der Problem-Ursachen

Z

Zielsetzungstechnik

"Wenn wir nicht wissen, wohin wir wollen,
ist es gleichgültig, welchen Weg wir gehen."
(Chinesische Weisheit)

Warum ?

Bedeutung der Zielsetzung

Ohne ein **Ziel** ist im Grunde genommen alles, was Sie planen und anschließend tun wollen, sinn- und zwecklos. "Erfolgreiches Arbeiten ist ein Verwirklichen von Zielen" war ein Kerngedanke von G. Großmann.

Zielsetzung und Zielerreichung

Ziele setzen und anstreben

- gibt unserem Tun einen Sinn (Orientierung)
- ist Maßstab und Motivation zur Leistung
- und damit Kriterium zur Erfolgskontrolle

Warum Ziele?
• Überblick
• Prioritäten
• Optimierung der Arbeitstechnik
• Erfolg

Nur derjenige, welcher seine Ziele auch schriftlich definiert hat, behält in der Hektik des Tagesgeschehens noch den **Überblick**. Er setzt auch unter größter Arbeitsbelastung die richtigen **Prioritäten**. Er versteht es, seine **Fähigkeiten optimal** einzusetzen, um schnell und sicher das **Gewünschte zu erreichen**.

"Wer den Hafen nicht kennt, in den er segeln will, für den ist kein Wind ein günstiger."
(Seneca)

Zielsetzungstechnik

Z

Wie ?

Ein "gutes" **Ziel** muß drei **Kriterien** genügen, um **erfolgsmethodisch** verwirklicht werden zu können:

1. Das Ziel muß **konkret formuliert** und meßbar sein, d.h. durch **Z**ahlen, **D**aten, **F**akten überprüft werden können.
2. Das Ziel muß auch **realistisch** sein, sonst bleibt es un**erreichbar** und damit eine Utopie (= Frustration).
3. Das Ziel muß **planbar** sein, nämlich einen festen **zeitlichen Bezug** (Fristen, Termine) aufweisen.

Zielkriterien

- *meßbar (Z.D.F.)*
- *machbar (= motivierbar)*
- *planbar (zeitlicher Bezug)*

Beispiel: "Platz 1 der Tennis-Weltrangliste bis zum 31.12.1988 einnehmen" (Boris oder Steffi)

Nr. 1 werden

Die schriftliche **Zielsetzung** ist der erste Schritt zum **Erfolg**! Der zweite Schritt ist die methodische Beschreibung des **Weges zum Ziel** (➵ Wieplan-Technik).

Erfolg durch
1. Zielsetzung
2. Zielplanung (Wieplanung)

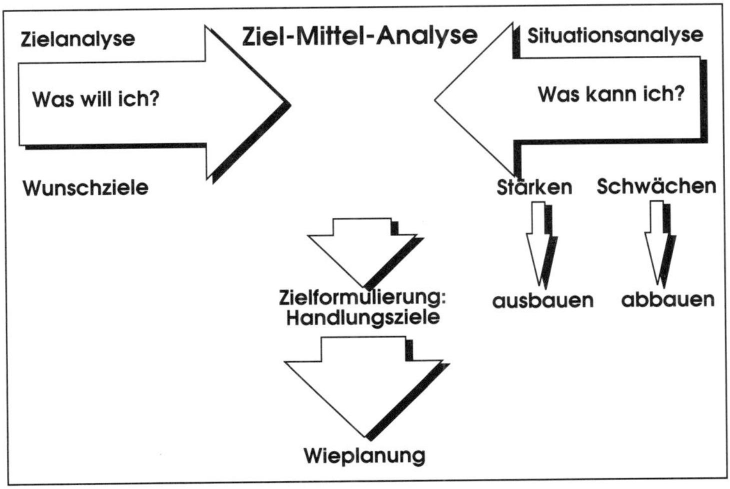

Zielsetzungstechnik:
Zielanalyse
(Wunschziele)
Situationsanalyse
Ziel-Mittel-Analyse
Zielformulierung
(Handlungsziele)
Wieplanung
(Aktionsplan)

Was ?

✎ Machen Sie eine **Liste Ihrer Ziele**: Was möchte ich bzgl. Beruf, Karriere, Familie, Freizeit etc.erreichen?

✎ Überdenken Sie einmal so konkret wie möglich: Welches wichtige Ziel möchte ich in meiner restl. **Lebenszeit** noch erreichen?

- *Ziel*
- *Lebensziel*

Ausgewählte Literatur

I. Deutschsprachige Beiträge zur Arbeitstechnik

(1) ATW (Hrsg.): Arbeitstechnik (Lernprogramm), 6. Aufl. Zürich: Kryka & Zellweger 1983.

(2) Fuchs, Werner: Arbeitstechnik, in: Management-Enzyklopädie, Bd. 1, 2. Aufl. Landsberg a. Lech: Moderne Industrie 1982, S. 406-432.

(3) Gesellschaft für Arbeitsmethodik (GfA) e.V. (Hrsg.): Methodenhandbuch der Arbeits-, Führungs- und Erfolgsmethoden. Hannover und Wiesbaden: GfA 1978 (letzte Nachlieferung 4/86)

(4) Gogoll et. al.: Persönliche Arbeitstechniken, Frankfurt: RKW 1979.

(5) Graichen, Winfried U. und Seiwert, Lothar J.: Time/system® Zeitmanagement-Trainerpaket (Trainer-Manual, OHP-Folien, Seminarunterlagen u.v.m.), Hamburg: Time/system 1987.

(6) Graichen, Winfried U. und Seiwert, Lothar J.: Mit Zeitmanagement zum Erfolg (Tonkasssette), in: M. Klose/W.U. Graichen/L.J. Seiwert, Verkaufen Sie sich an die Spitze (Audio-Special-Programm), Hamburg: Optima Marketing 1987.

(7) Heinold, Erhardt: Erfolgreich durch methodisches Arbeiten, Düsseldorf: Econ 1987.

(8) Höhn, Reinhard: Die Technik der geistigen Arbeit, Bad Harzburg: wwt 1979.

(9) Müller-Klement, K. Georg und Seiwert, Lothar J.: Zielwirksam arbeiten, 5. Aufl. Sindelfingen: Expert 1987.

(10) Rühle, Hermann: Persönliche Arbeitstechniken, Goch: Bratt 1982.

(11) Schömbs, Wolfgang und Hans, Karlfried: Rationelle Arbeitstechniken für Chefs, 4. Aufl. Köln: BBE 1980.

(12) Seiwert, Lothar J.: Mehr Zeit für das Wesentliche. So bestimmen Sie Ihre Erfolge selbst durch konsequente Zeitplanung und effektive Arbeitsmethodik, 7. Aufl. Landsberg: Moderne Industrie 1988 (1. niederländ. Aufl. 1987).

(13) Seiwert, Lothar J.: Arbeitstechniken, in: Handwörterbuch der Führung, hrsg. von A. Kieser/G. Reber/R. Wunderer, Stuttgart: Poeschel 1987, Sp. 46-61.

(14) Seiwert, Lothar J. und Graichen, Winfried U.: Das 1x1 des Zeitmanagement, 9. Aufl. 143.-155. Tsd. Speyer: GABAL 1987 (1. TB-Aufl.: Knaur 1986, 1. finn. Aufl. Espoo 1986, 1. franz. Aufl. Paris 1987).

(15) Steinherr, Ludwig: Selbstentlastung durch effektive Planungs-, Organisations- und Arbeitstechnik, 2. Aufl. Kissing: Weka 1979.

Ausgewählte Literatur

(16) Stroebe, Rainer W.: Arbeitsmethodik (2 Bd.), 3. Aufl. Heidelberg: Sauer 1985.

(17) Theisen, Manuel R.: Wissenschaftliches Arbeiten, 2. Aufl. München: Vahlen 1986.

(18) Wagner, Hardy: Persönliche Arbeitstechniken – Grundlagen und Methoden erfolgreichen Selbst-Managements, 2. Aufl. Speyer: GABAL 1987.

(19) Wassermann, Jürgen: Persönliche Arbeitstechniken, Gießen: G. Schmidt 1983.

(20) Zielke, Wolfgang: Handbuch Lern-, Denk-, Arbeitstechniken, München: Moderne Industrie 1980.

II. Wichtige internationale Literatur zur Arbeitstechnik

(21) Bliss, Edwin C.: Getting Things Done, 6. Aufl. New York: Bantam Books 1980.

(22) Douglass, Merrill E. und Donna N.: Manage Your Time, Manage Your Work, Manage Yourself, New York: AMACOM 1980.

(23) Drucker, Peter F.: The Effective Executive, 5. Aufl. London: W. Heinemann 1982.

(24) Fanning, Tony und Robbie: Get it All Done and Still be Human, 3. Aufl. New York: Ballantine Books 1985.

(25) Ferner, Jack D.: Successful Time Management. New York u.a.: John Wiley & Sons 1980.

(26) Hobbs, Charles R.: Your Time and Your Life - The Insight System for Planning (Audio-Cass.), Chicago: Nightingale-Conant 1983

(27) McGee-Cooper, Ann.: Time Management for Unmanageable People, 2. Aufl. Dallas, Texas: McGee-Cooper Enterprises 1983.

(28) Moskowitz, Robert: How to Organize Your Work and Your Life, Proven Time Management Techniques, New York: Doubleday Dolphin 1981.

(29) Noon, James: Time for Success? London: International Thomson Publishing 1983.

(30) Scharf, Diana, unter Mitarbeit von **Hait, Pam**: Studying Smart - Time Management for College Students, New York u.a.: Barnes & Noble 1985.

Nun ja, Herr Müller hat seine Arbeitstechnik ein wenig verfeinert...
Mac? Was zum Teufel ist das?!
SM'87

Angaben zu den Autoren

Winfried U. Graichen und **Lothar J. Seiwert** sind ein erfolgreiches Autoren- und Trainerteam auf den Gebieten Arbeitstechniken und Zeitmanagement. Ihr Bestseller “Das 1x1 des Zeitmanagement” erreichte innerhalb von drei Jahren eine Gesamtauflage von über 150.000 Exemplaren und wurde in mehrere Sprachen übersetzt.
Graichen und Seiwert sind Chef-Trainer für Time/system®-Zeitmanagement-Seminare und bilden Seminarleiter für Zeitmanagement aus. In diesem Zusammenhang entwickelten sie ein Zeitmanagement-Trainerpaket mit Trainerleitfaden, Overhead-Folien, Seminarunterlagen und Videofilm. Beide Autoren halten selbst regelmäßig firmeninterne und öffentliche Seminare zum Thema dieses Buches ab.

Dipl.-Psych. Winfried U. Graichen führt seit 1980 als anerkannter Spitzen-Trainer und Berater in Europa und den USA Veranstaltungen auf dem Gebiet des Zeitmanagement durch. Als Inhaber der Trainer-Akademie-München (TAM) hat er sich auf die Ausbildung von Führungskräften zu Trainern ihrer Mitarbeiter spezialisiert. Zweimal jährlich finden unter seiner Leitung vierwöchige Trainerausbildungs-Lehrgänge statt.

Prof. Dr. Lothar J. Seiwert gilt als führender Zeitmanagement-Experte. Er verfügt über langjährige Industriepraxis im Personal- und Bildungswesen und Berufserfahrung als Personalberater bei einem größeren Consulting-Unternehmen. Seit 1985 leitet er das Institut für Zeitmanagement in Taunusstein bei Wiesbaden. Er hat über 3000 Führungskräfte und leitende Mitarbeiter in Zeitplanung und Arbeitsmethodik trainiert.

Stichwortverzeichnis

Stichwortverzeichnis

Z

Zeitmanagement-Training

"Alle Teilnehmer sind überzeugt, daß sie für sich selbst und für die Firma sehr von Ihrem (Zeitmanagment-) Seminar profitiert haben...
Es hat uns richtig gut getan!"
(B. Rosema, Frankfurt)

Warum?

Freude an der Arbeit werden Sie dauerhaft dann haben, wenn es Ihnen gelingt:

Solide Basis
1. einmal "reinen Tisch" zu machen und damit für Ihr Zeitmanagement eine solide Basis zu schaffen,

Zeitmanagement
2. auch und gerade unter Streß gutes Zeitmanagement zu praktizieren,

Ziele erreichen
3. gemeinsam mit Ihren Mitarbeitern Störungen zu reduzieren und die angestrebten Ziele zu verwirklichen.

Wie?

Zeitmanagement-Training

Bringen Sie und Ihre Mitarbeiter neuen Schwung in's Unternehmen! Lernen Sie, wie Sie **"Das ABC der Arbeitsfreude"** – Schritt für Schritt – gemeinsam mit Ihren Mitarbeitern erfolgreich in die Praxis umsetzen! An zwei arbeitsintensiven Seminar-Tagen bringen Sie Ordnung in Ihr Vorgehen und lernen, vermeidbare Störungen auf eine Minimum zu reduzieren. Danach werden Sie leistungsfähiger sein und die Qualität der Arbeit steigern – ohne Mehrarbeit, Hektik und Streß.

Was?

Informationen anfordern

Verlieren Sie keine Zeit: Holen Sie sich noch heute von den TAM Trainern **Winfried U. Graichen** und **Helmut Fuchs** ein unverbindliches Angebot zum Thema innerbetriebliches "Zeitmanagement-Training".

Anfragen an:

TAM Fulda
von-Schildeck-Str. 6
6400 Fulda
0661-22040

TAM

TAM Hamburg
Billstraße 30
2000 Hamburg 28
040-784131

WER sind wir?

GABAL

GESELLSCHAFT ZUR FÖRDERUNG
ANWENDUNGSORIENTIERTER
BETRIEBSWIRTSCHAFT UND
AKTIVER
LEHRMETHODEN IN
FACHHOCHSCHULE UND PRAXIS E.V.

Die GABAL e. V. ist der im Sommer 1976 erfolgte Zusammenschluß von innovationsinteressierten Praktikern und praxisverbundenen Hochschullehrern, die sich gemeinsam um die „Förderung des Anwendungsbezugs der Betriebswirtschaftslehre und der angrenzenden Wissenschaften in Praxis, Lehre und Forschung" (§ 3 der GABAL-Satzung) bemühen, wobei Aktive Lehr-Methoden erfahrungsgemäß eine Schlüsselstellung einnehmen.

Mitglieder der GABAL sind insbesondere mittelständische Unternehmer, leitende Angestellte in Wirtschaft, Verbänden und Verwaltung, Angehörige wirtschaftsberatender Berufe sowie Professoren aus dem Bereich der praxisverbundenen Hochschule.

Neben beitragszahlenden und stimmberechtigten „Ordentlichen Mitgliedern" gibt es beitragsfreie „Korrespondierende Mitglieder" (natürliche Personen) und „Fördernde Mitglieder" (juristische Personen).

Im Rahmen ihrer vom zuständigen Finanzamt anerkannten gemeinnützigen Zielsetzung obliegen der GABAL gemäß § 3 ihrer Satzung vier wichtige **Aufgaben:**

(1) Anwendung neuer bzw. ungenutzter betriebswirtschaftlicher Erkenntnisse in konkreten Unternehmen im Rahmen eines praxisbezogenen Studiums;

(2) Erfassung wichtiger Bedürfnisse und Erkenntnisse der Praxis, z. B. aus Schwachstellen und Erfolgsanalysen, und ihre Aufbereitung zur Einbeziehung in die Lehre;

(3) Förderung effizienten Lernens durch Hilfe bei der Anwendung aktiver Lehrmethoden und Verbreitung neuer Erkenntnisse;

(4) Verbesserung der Kommunikation zwischen Wirtschafts-Praxis und den praxisverbundenen Hochschulen (FH).

Der Vorstand der GABAL wird beraten durch ein **Kuratorium;** Vorsitzender ist Prof. Dr. rer. nat. E. Weißmann, Präsident der Fachhochschule des Landes Rheinland-Pfalz und langjähriger Vorsitzender der Fachhochschul-Rektoren-Konferenz (FRK); Mitglieder des Kuratoriums sind maßgebende Institutionen der Wirtschaft und namhafte Weiterbildungs-Einrichtungen, z. B. das Institut der deutschen Wirtschaft (IW Köln), der Deutsche Industrie- und Handelstag (DIHT, Bonn), das Rationalisierungs-Kuratorium der deutschen Wirtschaft (RKW Rheinland-Pfalz), der Wuppertaler Kreis (Deutsche Vereinigung zur Förderung der Weiterbildung von Führungskräften e. V. , Köln), die Zentrale für Fallstudien (ZfF, Schloß Gracht) sowie die Gesellschaft für Arbeitsmethodik e. V. (GfA).

GABAL e. V. · Dudenhofer Straße 46 · 6720 Speyer · ☎ (06232) 92918

Aufnahmeantrag als Mitglied der GABAL e. V.

(vgl. auch Rückseite)

Hiermit beantrage ich die Aufnahme in die gemeinnützige GABAL e. V.

als ☐ korrespondierendes Mitglied } beitragsfrei

☐ förderndes Mitglied (nur juristische Personen) } beitragsfrei

☐ ordentliches Mitglied *)

Name | Vorname | geb. am

Straße/Postfach | PLZ, Ort

Mit der Unterzeichnung dieses Antrags erkläre ich mich bereit, die Satzung der GABAL e. V. anzuerkennen und – als ordentliches Mitglied *) – den Mitgliedsbeitrag zu zahlen. Ich habe Anspruch auf die allen Mitgliedern eingeräumten Vergünstigungen. Die Aufnahme erfolgt gemäß Satzung durch den Vorstand.

Ort, Datum | Unterschrift

*) Nur bei Antrag auf ordentliche Mitgliedschaft und auf ausdrücklichen Wunsch des Mitglieds (frühestens nach mind. 1 Jahr korrespondierender Mitgliedschaft)

Um Kontakte und Kooperationen fördern zu können, stellen wir anheim, auch nachstehende Fragen zu beantworten.
(Diese Daten werden nur Mitgliedern zugänglich gemacht.):

Funktion | Firma/Institution

Mein(e) Spezialgebiet(e) | Branche/Wirtschaftszweig

Status (bitte unterstreichen):

Freiberufler / Selbständiger Unternehmer / Beamter / Hochschullehrer / Leitender Angestellter / Sonstiger: ____________________

Telefon (geschäftlich) | Telefon (privat)

GABAL e. V. · Dudenhofer Straße 46 · 6720 Speyer

Absender (bitte möglichst Stempel):

▼ Für Versand im Fensterumschlag bitte hier falten.

Gewünschtes bitte ankreuzen:

☐ Ich möchte Mitglied der GABAL werden. Umseitig erhalten Sie meinen ausgefüllten Aufnahme-Antrag.

☐ Ich bin an der Teilnahme am Modellversuch „Praxisverbundenes Studium" (Arbeits-Stipendiaten-Konzeption) interessiert, und zwar als

- ○ Unternehmer
- ○ Hochschullehrer
- ○ Student
- ○ ____________________

☐ Ich wünsche weitere Informationen, und zwar über

____

____

____

GABAL e. V.
Dudenhofer Straße 46
6720 Speyer

WAS bieten wir?

GABAL

GESELLSCHAFT ZUR FÖRDERUNG
ANWENDUNGSORIENTIERTER
BETRIEBSWIRTSCHAFT UND
AKTIVER
LEHRMETHODEN IN
FACHHOCHSCHULE UND PRAXIS E.V.

Allen GABAL-Mitgliedern stehen unsere Leistungen zur Verfügung:

- KOMMUNIKATION innerhalb unserer Mitglieder, insbesondere bei den jährlich stattfindenden Symposien:
  - im Mai an wechselnden Hochschul-Orten zusammen mit der Arbeitsgemeinschaft Führungslehre an Fachhochschulen (ARGE Führungslehre an FH)
  - im Oktober in Deidesheim an der Weinstraße
- Teilnahme — aktiv und passiv — am WEITERBILDUNGS-KONZEPT „GABAL 2001" zur Persönlichkeits- und Unternehmens-/Organisations-Entwicklung in den 90er-Jahren:
  Aktiv-Training, in Zusammenarbeit mit allen aufgeschlossenen Weiterbildungs-Einrichtungen, z. B. der Deidesheimer Management Akademie (DMA).

  Rahmen unserer Seminar-Thematik:
  Persönlichkeits-, Personal- und Organisations-Entwicklung, Strategie und Arbeitsmethodik, Berufszielfindung und Studienstrategie, Persönlichkeits- und Verhaltensanalyse (STRUKTOGRAMM®) sowie Verhaltenstraining, Transaktions-Analyse, Suggestopädie (Superlearning), Konferenz- und Moderationstechnik sowie Führungs-Workshops im Rahmen zielorientierter Unternehmensentwicklung in Verbindung mit Kommunikations-Training.
- Veröffentlichungs-Chancen in der GABAL-Schriftenreihe (SR) auf Kostendeckungs-Basis, d. h. GABAL-Mitglieder, insbesondere Professoren der FH, erhalten die Möglichkeit, Publikationen in kleineren Erst-Auflagen zu plazieren.
- INFORMATION durch unsere periodische GABAL-Info (5-mal jährlich) — ab 1985 im VDB-Magazin — sowie durch die GABAL-SCHRIFTENREIHE.
- UNTERSTÜTZUNG von Unternehmen sowie Hochschullehrern und Studenten bei der Verwirklichung des Modellversuchs „Praxisverbundenes Studium" — Arbeits-Stipendiaten-Konzeption (ASt) — der Bund-Länder-Kommission für Bildungsplanung und Forschungsförderung (BLK) durch Veröffentlichung von preiswerten Teilnehmer-Unterlagen sowie Trainer-Leitfäden einschließlich der Organisation von Spezialveranstaltungen BERUFSZIELFINDUNG und STUDIENSTRATEGIE, ARBEITS-METHODIK und STRUKTOGRAMM®-Selbstanalyse sowie der Betreuung von Projekt-Arbeiten.

GABAL e. V. · Dudenhofer Straße 46 · 6720 Speyer · ☎ (06232) 92918